I

II

Autoren und Herausgeber:

Roland W. Schulze

und

Jens Emigholz

Balkone zu Beeten – Kindern gärtnern Essbares
Eine Anleitung für 5 bis 14-jährige Kinder

Impressum

Herstellung & Verlag: BoD- Books on Demand
In de Tarpen 42 - 22848 Norderstedt,
Deutschland

BoD
BOOKS on DEMAND

ISBN-Taschenbuch: 978-3-7519-6081-6
ISBN-eBook: - folgt -
Buch-Druck: BoD-Verlag (Adresse siehe oben)
eBook-Produktion: BoD-Verlag (mit Kopierschutz)
Erscheinungsjahr: 1. Auflage im Herbst 2020

Titel: **Balkone zu Beeten – Kinder gärtnern Essbares**
         - Eine Anleitung für 5 bis 14-jährige Kinder –

Autoren: Roland W. Schulze
              (Ko-Autor und Lektorat) Jens Emigholz

Inhalt   188 Seiten, 19 Kapitel, 80 Seiten mit Farbbildern

Covergrafik: Idee und Realisation, sowie Copyright 2020
              by Roland W. Schulze

Textredaktion: Roland W. Schulze und Jens Emigholz, Bremen

Bilder und Fotos: verwendet wurden eigene Bilder und Grafiken, sowie
weitere Quellen (Verzeichnis siehe Anhang)

Roland W. Schulze ist als Buchautor ein eingetragenes Mitglied bei der
„Verwertungsgesellschaft Wort (VGWort)" in München.

Inhalt

1. Vorwort

Wie sind wir auf diese Idee gekommen? … Wir Autoren sind **„Genießer mit allen 5 Sinnen"** und große Naturfreunde. Als wir eine Tour durch den Bremer Stadtteil **„Vahr"** gemacht haben, ist uns die überdurchschnittliche Häufigkeit von Balkonen an Geschosswohnungen aufgefallen; Loggien und Veranden in allen möglichen Größen und Formen. Aber mindestens die Hälfte aller Balkone sind überhaupt nicht, oder nur als Abstellplatz genutzt worden.

„Urban-Gardening", also innerstädtisches Gärtnern, ist in aller Munde und dazu zählt auch das **„Balkongärtnern"**.

Wenn man jetzt nicht nur Blumen auf dem Balkon anpflanzt, sondern „essbare Pflanzen, wie Küchen-Kräuter, Obst- und Gemüse-Pflanzen mit Früchten, die geerntet und auch gegessen werden können, dann eröffnen sich viele weitere Möglichkeiten:

- Es können gesunde und unbehandelte Pflanzen gegessen werden! Wenn das nicht BIO ist?
- Es können die Pflanzen beobachtet werden und die Tiere, die mit oder auch gegen die Pflanzen arbeiten. In praktische Versuchen kann viel über Flora, Fauna, Wetter und Klima erfahren werden!
- Außerdem wird etwas nicht nur für die Bienen, sondern für viele, alle Insekten getan!

… und dann sind wir zu dem Schluss gekommen: Balkon-Gärtnern ist genau das richtige für Kinder, die lernen wollen und Spaß am Gärtnern haben – und als Belohnung gibt es leckere Kräuter, Früchte und Obst zu naschen und zu genießen!

Es sind schon viele Schriftwerke über „Gärtnern mit Kindern" erhältlich. Aber es gibt im deutschen Sprachraum noch kein Buch, mit einer Anleitung zum **Balkon-Gärtnern, speziell für Kinder, in dem ohne Ausnahme essbare Pflanzen, Blüten und Früchte besprochen werden.**

Im Vorfeld haben wir sogar feststellen können, dass dieser Inhalt für Erwachsene genauso so spannend ist; die Nachfrage von Erwachsenen ist auffallend groß gewesen.

Also bedienen wir beide: Kinder und Eltern sowie Erwachsene ohne Kinder – eben alle, denen dieses Thema Spaß macht!

Dieser Hinweis ist uns besonders wichtig: Sollte Ihr Balkon aber nahe an einer sehr stark befahrenen Straße liegen, dann verzichten Sie besser darauf, hier Kräuter, Obst und Gemüse anzubauen. Die Pflanzen reichern sich sonst mit Schadstoffen an, die Sie und Ihre Kinder über den Verzehr der Früchte wiederaufnehmen würden – und das ist sehr ungesund!

Die Alternative wäre, eine Parzelle am Rande oder außerhalb der Stadt anzupachten. Oder Sie suchen sich im ländlichen Bereich ein kleines Fleckchen zum Gärtnern aus. Interessant ist hier das Projekt www.ackerhelden.de; bei diesem stetig wachsenden Projekt geht es um Miet-Gärten in der Nähe von Städten!

Viel Spaß, viel Erfolg und viel Genuss Eurer „Balkonernte" wünschen

Roland und Jens aus Bremen!

2. Einleitung

1.1. An die Eltern und Erziehungsberechtigten

Falls Sie Ihre Kinder für Balkon-Gärtnern begeistern wollen, ist es eine gute Idee, ein paar Tipps zu beherzigen. Wir zeigen Ihnen alles, was für das Gelingen Ihrer Projekte wichtig ist: vom Erwecken der Gartenliebe über eine kinderfreundliche Gestaltung und die Planung eigener Projekte bis hin zur Auswahl der richtigen Pflanzen, Geräte und spielerischen Methoden.

Damit Gärtnern langfristig Freude bereitet, sollte dem Projekt erst einmal ein Wunsch zugrunde liegen. Der Wunsch nach dem Ziehen von Pflanzen kann schon in den Allerkleinsten wie von selbst entstehen: Sie wollen ihre gärtnernden Bezugspersonen nachahmen. Nutzen Sie diese kindliche Lernstrategie und ermutigen Sie Ihren Nachwuchs, sie beim Gärtnern zu begleiten, ohne sie zu sehr zu dirigieren! Planen und gestalten sie zusammen mit Ihren Kindern Ihren Balkon, nach beiderseitigen Wünschen und Bedürfnissen.

Legen Sie gemeinsam eine Wunschliste an. Welche Kräuter mögen Kinder besonders gern? Welches Obst, welches Gemüse? Welche Blumen? Ist etwas dabei, das pflegeleicht genug ist, wie zum Beispiel Radieschen und Kresse? Hier stellen wir Ihnen Pflanzen-Arten vor, die sich gut für das Gärtnern mit Kindern eignen, weil es rasch etwa zu sehen gibt und sie erste Erfolgserlebnisse versprechen.

Doch nehmen Sie sich nicht zu viel vor. Fangen Sie mit ein oder zwei verschiedenen Arten und wenigen Pflänzchen an, die der kindlichen Fürsorge anvertraut werden können. Ein bis zwei Quadratmeter reichen für den Beginn völlig aus. Eine selbstgemachte bunte Gestaltung kann die neue Aufgabe und Verantwortung schon vor dem Keimen sichtbar machen. Ihr Kind wird stolz sein. Erfolg verlangt nach mehr!

Durch dieses Projekt können Kinder Flora-, Fauna-, Wetter- und Kima-Zusammenhänge erfahren. Als Resultat können sie die Früchte ihrer Arbeit kennenlernen und genießen. Gibt es eine schönere Belohnung?

Unsere Zielgruppe sind Kinder im Alter von 5-14 Jahren, die wir (zusammen mit ihren Eltern) gewinnen wollen, um auf ihrem Balkon essbare Kräuter, Obst und Gemüse anzubauen! Alleine das Pflanzen, Pflegen und Ernten ist gerade für „Stadtkinder" eine hochinteressante und spannende Angelegenheit.

Die Früchte der kindlichen Balkon-Gartenarbeit zeigen sich aber nicht nur in Form von süßen Beeren und knackigen Karotten, sondern auch in Form von Wissen – etwa über gesunde Ernährung, Qualitäts-Beurteilung beim Einkauf, Einsatz in der Küche.

Kinder, die etwas selbst angepflanzt haben, können besser nachvollziehen, wie Nahrungsmittel entstehen, und erkennen auch leichter die Geschmacksunterschiede zwischen biologisch angebautem Gemüse und Fast-Food-Varianten aus dem „Glashauspalast".

Darüber hinaus lernen sie beim Gärtnern nach und nach, Verantwortung zu übernehmen – zuerst für kleine schwache Blümchen, dann vielleicht für einen jungen Baum und schließlich für global bedrohte Pflanzenarten.

Die Rolle der Eltern ist bei diesem Projekt extrem wichtig und entscheidend: die Kinder müssen ohne Druck vorsichtig geleitet werden. Ein Scheitern der Kinder insgesamt oder auch nur in Teilbereichen ist erlaubt und muss auf alle Fälle zugelassen werden! Sie sollten in diesen Fällen die Kinder stabilisieren und immer wieder Mut zum Weitermachen spenden. Nur aus Fehlern kann gelernt werden, das ist bei Kindern genauso, wie bei den Erwachsenen. Damit Sie mit Ihrem Kind zusammen feststellen können, wie und warum „Fehler" entstanden sind, haben wir im Anhang eine Pflege- und Tätigkeitsliste, sowie ein Ereignis-Tagebuch angehängt, die es gilt zusammen auszufüllen, um Verbesserungen zu entwickeln!
Auch die „Trauer um eine verstorbene Pflanze" gilt es ernsthaft zu be- und verarbeiten. Nur so bringen Sie das Projekt zu einem erfolgreichen Lern-Erlebnis für Ihr Kind!

1.2. An die Kinder

Ein Balkongarten ist nicht nur schön für das Auge, sondern kann auch zur Versorgung mit Kräutern, Obst und Gemüse beitragen. Hier erfährst Du, wie Du einen Balkongarten anlegst, was und wie Du pflanzen und was Du später ernten kannst.

Ein Balkongarten kann sich zu einer wahren" Oase der Ruhe", aber auch zu einem praktischen Flecken zur Selbstversorgung mit

Nahrungsmitteln entwickeln. Dabei kannst Du den Balkongarten ganz nach Deinen Vorlieben und Bedürfnissen gestalten – wie?

Das Zeigen wir dir hier!

Jeder Balkon und jede Terrasse gehört immer direkt zu einer Wohnung. Also nutze diesen Ort als Ergänzung zu Deinem Kinderzimmer. Hier hast Du auch frische Luft und später leckere Früchte.

Wenn Du noch wenig Erfahrung mit dem Gärtnern hast, empfehlen wir Dir, erst einmal klein zu beginnen. Wie Du Deinen Balkongarten richtig anlegst, welche Pflanzen sich eignen und wie Du diese pflegst, erfährst Du in diesem Buch. Da gibt es Pflanzen für „Anfänger", aber auch Pflanzen, für die Du mehr Pflege und Gärtnerwissen brauchst. Auch das zeigen wir Dir hier!

Wenn Du Geschwister, Freunde und nette Nachbarn hast, dann erzähl ihnen von Deinem Balkon-Gärtnern-Projekt und frag sie bei „Unklarheiten einfach, denn „4 Augen sehen einfach mehr".

Jeder Plan braucht Unterstützer, damit er gelingen kann. Geschwister, Eltern oder gar Freunde gezielt ansprechen, um Rat fragen oder um Hilfe bitten, ist keine Schwäche!

Zwischenfälle kommen vor und die richtige Reaktion fällt einem allein spontan nicht ein. Dann ist es gut, andere Fragen zu können.

☺ **Noch ein Tipp:** Worte und Begriffe, die vielleicht unbekannt sind und Erklärungen brauchen, haben wir z.B. „auffällig"

14

im Text dargestellt (kursive, schräge Schrift; fett und unterstrichen), wie z.B.:

Photosynthese

und am Ende dieses Buches, im **Kapitel 14 „Glossar"** findest du zu dem Wort eine Erklärung!

Wie kann man dieses Buch richtig lesen?

- Zuerst haben wir ein **Inhaltsverzeichnis** ganz am Anfang des Buches. Dort ist jedes Kapitel aufgeführt mit einer Beschreibung und einer entsprechenden Seitenzahl.
- Vom Inhalt her fangen wir erst mal **mit wichtigen Erklärungen** an, zeigen, wie jede **Pflanze** aufgebaut ist, wie sie sich ernährt und welche Pflege sie braucht.
- Dann klären wir zusammen mit Dir und Deinen Eltern, **welchen Balkon** Ihr bepflanzen könnt, in welcher Himmelsrichtung er steht (wegen der unterschiedlichen Sonneneinstrahlung) und wir empfehlen, wieviel Platz und welche Pflanzgefäße Ihr einsetzen solltet.
- Dann zeigen wir die Balkon-Gärten, die Kinder begeistern können, **wie Riech-. Blumen/Blüten, Genußgärten** und **Färbergärten.**
- Wir zeigen, **wie man pflanzt** und dann starten wir Dein Pflanzprojekt.
- Dann beschreiben wir die Pflanzen-Sorten, wie Kräuter, Obst, Gemüse und Salatsorten.
- Dann beschreiben wir die **Tiere,** die Dich beim Balkongärtner begegnen können. Es geht um **Nützlinge** und um **Schädlinge. Das klären wir jeweils auf!**

- Wenn alles gut gewachsen ist, kümmern wir uns um die **Ernte**. Wie erntest Du welche Kräuter, Halme, Obst und Gemüse?
- Und was kannst Du mit den geernteten Früchten machen: sofort essen oder Trocknen, Einfrieren, oder anders haltbar machen kannst. Wir zeigen Dir hier einige Beispiele!
- Für den Anfänger zeigen wir, wie leicht einige Sorten zu pflanzen und zu pflegen sind: die Gartenkresse und Radieschen bringen raschen Erfolg.
- Am Schluss beschäftigen wir uns mit Wetter und Klima. Wir Menschen, die Tiere und alle Pflanzen sind abhängig vom Wetter und vom Klima. Aber wir können auch das Klima verschlechtern oder verbessern.

Dann haben wir für Schnell-Leser einige Zeichen entwickelt:

☺ Tipp → **Zeigt Dir auf einen Blick nützliche und wichtige Informationen.**

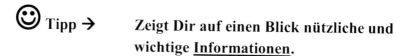 → **Zeigt die für uns gesunden Bestandteile der Pflanzen und das nennen wir:**

Die Natur-Apotheke!

Am Schluss gibt es:

- ein **Glossar**, in dem alle Fach- und Fremdworte erklärt sind,
- eine **Adressliste** mit Einkaufmöglichkeiten für Gefäße, Pflanzen und Werkzeuge,
- und eine **Pflege-Liste**, und ein **Ereignis-Tagebuch.**

16

3. Allgemeines zu Pflanzen

Als **Pflanzen** werden **Lebewesen** bezeichnet, die sich nicht fortbewegen können und zum Leben die ***Photosynthese*** betreiben. Das ist die Art, wie Pflanzen Nahrung aufnehmen, denn die benötigt auch jede Pflanze. Dieser komplizierte Begriff „***Photosynthese***" ist am Schluss des Buches im Glossar erklärt.

Die Ausnahme: Pilze und **Bakterien**, die früher auch als zum Pflanzenreich gehörig betrachtet worden sind, sind heute davon ausgeschlossen.

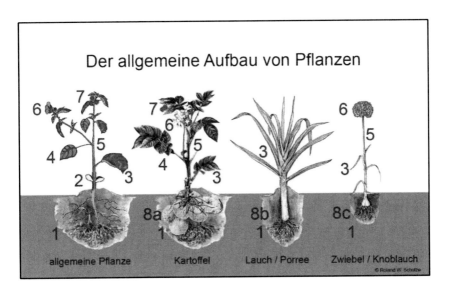

Alle Pflanzen, angefangen vom kleinen Gänseblümchen bis zum riesigen Baum, sind sehr ähnlich aufgebaut:

über der Erde

Nr.	Name	Beschreibung
2	**Keimblätter**	Die ersten beiden Blätter, die aus dem keimenden Samen entstanden sind..
3	**Blatt**	Hier findet die ***Photosynthese*** statt. Das können auch Halme (hohl oder gefüllt, aber auch Nadeln sein, wie bei Rosmarin oder auch bei Nadelbäumen.
4	**Seitentrieb und eine Verzweigung**	Verzweigungen vom Stängel abgehend, so kann aus einem einzelnen Stängel, durch eine Verzweigung, ein Strauch oder Buch werden.
	Ranken	Manche Pflanzen bilden Ranken. Das können manchmal hängende Äste sein, oder Ranken, die nach oben wachsen, wenn sie sich irgendwo „festhalten" können, wie z.b. bei Bohnen-Ranken, oder auch Efeu und den Zucker-Erbsen. Für diese Pflanzen müssen dann „Rankhilfen" gebaut werden!
5	**Haupt-Stängel**	Er bringt oft die Haupt-Stabilität, so dass die Pflanze „stehen" kann! Dann wird er auch als Transportweg genutzt. Hier werden Wasser und Nährstoffe von den Wurzeln bis hoch in die Blattspitzen gepumpt, also transportiert.
6	**Blüte**	Jede Pflanze blüht! Der Wind und die Insekten, u.a. auch bestimmte Vögel verteilen den Blütenpollen aus den Blüten.
7	**Frucht**	Wenn die Blüte befruchtet worden ist, wachsen daraus eine oder mehrere Früchte.

unter der Erde

1	**Wurzeln**	Ist der Bereich mit dicken Hauptwurzeln und vielen kleineren Nebenwurzeln.
8a	**Kartoffel-Knollen**	Das ist ein „verdickter Wurzelspross" als Kraftspeicher unter der Erde.
8b	**Lauch und Porree „Knolle"**	Der weiße Schaft oder Strunk ist der Kraftbereich der Pflanze!
8c	**Zwiebel / Knoblauch Knollen**	Das sind auch unterirdische Kraft-Speicher, wie die Kartoffel.

Sowohl die **Kartoffel bildet Früchte aus den Blüten**, als auch die **Zwiebel und der Knoblauch**. Wir essen aber diese **Früchte nicht**, sondern nur die unterirdischen „Kraftspeicher" der Pflanzen, die Knollen und die Zwiebeln!

Die oben wachsenden Kartoffelfrüchte sind zudem sehr giftig, ganz im Gegensatz zu den Kraftspeichern der Pflanze. Kartoffeln und auch Zwiebeln können daher über 2 sehr unterschiedliche Wege vermehrt werden:

- Man erntet die **Früchte**, gewinnt den darin enthaltenen **Samen** und bringt diesen zum Keinem.

- Oder Du steckst eine **Kartoffel** oder eine **Zwiebel / Knoblauch** wieder in die **Erde**. Sie fangen dann wieder an zu **wachsen** (mit der Kraft, die sie vorher gespeichert hatten) und es wachsen wieder Pflanzen und der Pflanzen-Kreislauf beginn von Neuem.

3.1. Welche Nahrung brauchen alle Pflanzen?

Wenn also Pflanzen auch Lebewesen sind, brauchen sie Nahrung, so wie wir Menschen, die ihnen Kraft und Energie zum Wachsen und zum Blühen liefert.

1. Der Samen, damit fängt alles an

Alle Pflanzen wachsen aus Samen. Die können ganz klein sein und nur wenige Millimeter groß, oder auch riesig sein, wie eine Kokos-Nuss.
Wenn Samenkörner auf den Boden fallen, platzt bei Feuchtigkeit die harte Samen-Hülle auf und aus dem Inneren wächst ein kleiner Spross. Der Spross dreht sich und "sucht die Erde". Aus dem Spross werden die ersten Wurzeln und oben wachsen die ersten Keim-Blätter Die erste Nahrung findet die kleine Pflanze noch innerhalb des Samenkorns.

Der Samen keimt   *Der Keimling wächst zur Pflanze*

Am Beispiel des Küchenkrautes Kresse haben wir das im Kapitel 10.1. genau dargestellt.

20

2.   Nährstoffe in der Erde

Man sieht sie nicht, aber viele Nährstoffe sind in guter Erde enthalten. Mit Wasser können diese Nährstoffe aufgelöst werden, so dass diese vorn den unterirdischen Wurzeln aufgenommen werden können.

Ganz kleine, mittlere und große Wurzeln transportieren dann dieses Wasser mit den Nährstoffen in den Stängel oder den Stamm der Pflanze, bis in jedes einzelne Blatt und auch in die Blüte.

Diese 13 Nährstoffe sind Stickstoff (N) und die Mineralien: Phosphor (P), Kalium (K), Magnesium (Mg), Calcium (Ca) und Schwefel (S), Eisen (Fe), Mangan (Mn), Kupfer (Cu), Zink (Zn), Bor (B), Molybdän (Mo) und Chlor (Cl).

Dies ist die Nahrung der Pflanzen und das brauchen alle Pflanzen zum Leben und zum Wachsen!

3. Jetzt fangen die Blätter an zu arbeiten

Zusammen mit Sonnenlicht und dem grünen Farbstoff in den Blättern (Chlorophyll genannt) und dem Kohlendioxid aus der Luft und dem nährstoffreichen Wasser, produziert die Pflanze Trauben-Zucker, Stärke und Eiweißstoffe. Das alles zusammen ist die Nahrung für die Pflanze. Über die Blätter gibt dann die Pflanze Sauerstoff an die Luft ab.

Diesen gesamten Vorgang nennt man „_Photosynthese_", weil die Hauptarbeit in der Pflanze durch Sonnenlicht-Unterstützung gemacht wird!

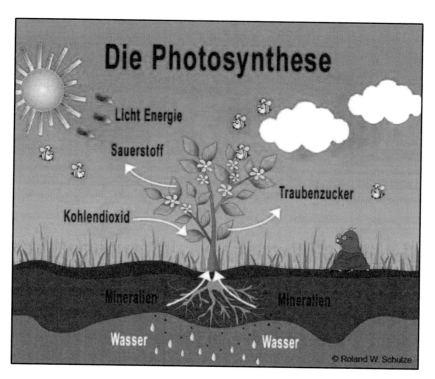

22

Wir Menschen brauchen zum Leben, Nahrung und atmen Sauerstoff aus der Luft. Mit Wasser und dem Sauerstoff kann unser Körper unsere Nahrung, unser Essen verarbeiten. Wenn wir ausatmen bleibt von der Luft fast nur Kohlendioxid übrig. Das ist ein für uns giftiges Gas. Wenn wir den Sauerstoff verbrauchen, wer liefert denn jetzt neuen Sauerstoff?

Dabei helfen uns u.a. die Pflanzen! Sie brauchen das für uns giftige Kohlendioxid und liefern dafür Sauerstoff an die Umwelt. Eigentlich kann man sagen, dass die Pflanzen für uns **die Luft reinigen**, und zwar jedes kleine Gänseblümchen, bis hin zu Bäumen und großen Wäldern auf der Erde. **Wir brauchen also die Pflanzen auch als Sauerstoff-Produzenten!**

3.2. Den Balkongarten pflegen

Der Balkongarten braucht deutlich mehr Pflege, als ein üblicher Gemüsegarten. Das liegt daran, dass die Pflanzen in Töpfen, Schalen oder Balkonkästen wachsen und keinen Kontakt zum Mutterboden haben, so wie das im Garten oder auf einem Acker ist. Dort wachsen die Pflanzenwurzel immer tiefer in die Erde, bis sie Wasser finden. Balkonpflanzen sind immer in Gefäßen, können kein anderes Wasser suchen und können daher leicht **austrocknen**.

Störende fremde Pflanzen, also das sogenannte "Unkraut", heraus zu sammeln und zu *jäten*, anstatt es chemisch zu vernichten, sind wichtige und regelmäßigeTätigkeiten. Fremde Pflanzen

23

rauben unseren Balkonpflanzen die Nährstoffe in der Erde und damit die Kraft zu wachsen, zu blühen und Früchte zu bilden.

Fremde Pflanzen, **alte Blätter** und sonstige Pflanzenreste gehören in die Biotonne – nicht in den Hausmüll! Ausnahme: Ihr habt keine Biomüll-Tonne!

Schädlinge abzusammeln, Nützlinge anzulocken: natürliche Pflanzenschutzmittel zu nutzen, sind bessere Maßnahmen für den Menschen und die Umwelt, als Gifte einzusetzen! (siehe „Schädlinge bekämpfen").

Und Du brauchst einen „**grünen Damen**"? **Was ist das?** Personen, die richtig gut mit den unterschiedlichsten Pflanzen zurechtkommen, die bei denen viel besser, als bei anderen Personen wachsen, von denen wird erzählt, dass sie einen „**grünen Daumen**" haben. Das ist natürlich nur ein Sprichwort, denn deren Daumen sind nicht wirklich grün! Aber die **reden** auch jeden Tag mit ihren Pflanzen und manchmal **streicheln** sie diese auch, natürlich ganz leicht! Das solltest Du vielleicht auch mal probieren. Vielleicht hast Du auch Glück und die Pflanzen wachsen besser!

3.2.1.   Sonnenlicht

Ausnahmslos alle Pflanzen brauchen Sonnenlicht zum Wachsen! Über den grünen Farbstoff (das **Chlorophyll**) verwandeln sie das Sonnenlicht und Nährstoffe in der Erde zu „Pflanzen-Nahrung", genannt *Photosynthese*. **Ohne Sonnenlicht kann also keine Pflanze leben und wachsen.**

24

3.2.2.   Gießen

So wichtig, wie die Sonne, ist auch das **Wasser** für die Pflanzen. Unsere Pflanzgefäße können kein Wasser speichern und daher musst Du den Balkongarten **regelmäßig gießen**. Pflanzen, die auf einem südlich ausgerichteten Balkon wachsen, musst Du im Hochsommer am Morgen und am Abend gießen, weil sie durch die starke Sonneneinstrahlung viel Wasser verdunsten und die Erde sonst austrocknet.

Das Gießwasser darf **nicht zu warm, aber auch nicht zu kalt** sein, wenn Du die Pflanzen gießt. Du würdest ja auch einen Schrecken bekommen, wenn ich Dich mit sehr kalten oder heißen Wasser anspritze – Du wirst in beiden Fällen erschrecken und das geht de Pflanzen genauso. Daher empfehle ich das Gießwasser in einem 10 Liter-Eimer auf den Balkon zu stellen, so dass es die Außentemperatur annehmen kann. Aus diesem Eimer solltest Du dann das richtig *temperierte* Gießwasser benutzen. Du brauchst kein Regenwasser dafür aufzufangen und kannst Leitungswasser zum Gießen benutzen, aber eben nicht direkt aus der Leitung sondern aus Deinem Balkon-Wasser-Eimer.

3.2.3.   Nährstoffe und Dünge

Pflanzen brauchen viel Nahrung, viele Nährstoffe. Die Erde in den Pflanzgefäßen ist meist schnell verbraucht, insbesondere wenn es sich um „*Starkzehrer*", wie beispielsweise Tomaten handelt. Das heißt, dass sie sehr viel Nahrung, also Nährstoffe, verbrauchen. Es ist daher nötig, dass Du die Topfpflanzen auf Deinem Balkon regelmäßig mit ergänzenden Nährstoffen versorgst, also düngst!

Richtig zu düngen ist bei Balkongemüse nötig, da die Pflanzen auf dem Balkon mit weniger Erde *(Substrat)* und daher auch weniger Nährstoffen auskommen müssen, als im Garten oder auf einem Acker. Der Dünger reichert die Erde mit Mineralien an. Es gibt Flüssigdünger, der alle notwendigen 13 Nährstoffe enthält: Damit gieß Du ab und zu die Pflanzen. Wenn Du feste Düngestäbchen verwendest, dann steckst Du sie in die Erde, Dein Gießwasser löst die Nährstoffe und leitet sie zu den Wurzeln weiter.

Von März bis September solltest Du Deine Pflanzen düngen, denn sie brauchen in dieser Zeit besonders viele Nährstoffe!

Du kannst **biologischen Flüssigdünger** kaufen, den Du in jedem Supermarkt bekommen kannst. Davon gibt's Du immer ein paar Spritzer in das Gießwasser.

Du kannst ersatzweise ab und zu in den Topf oder Balkonkasten ein paar Esslöffel frische Erde auf die bestehende Erdschicht draufstreuen. Manche Pflanzen brauchen auch Hornspäne oder auch Kalk zur Dünung. **In den folgenden Anleitungen kannst Du nachschauen, welche Pflanze welche Düngung braucht!**

Die richtige Dosierung der Düngung ist wichtig! Jede Gemüsesorte hat einen unterschiedlichen Nährstoffbedarf:

- Setzlinge und Jungpflanzen darfst Du nicht düngen. Der hohe Nährstoffgehalt hindert ihr Wachstum und sie gehen im schlimmsten Fall sogar ein.

26

- Ab Juni reicht je nach Sorte eine Düngung alle 1-2 Wochen.
- Vermeide Überdüngung, das schädigt die Pflanzen.
- Trotz Düngung solltest Du die Erde im Balkongarten einmal pro Jahr austauschen.
- „Verbrauchte Erde" und Pflanzenreste, wie alte Blätter gehören in die Biotonne, also nicht in den Rest-Müll! Aus den Pflanzenabfällen entsteht wieder Kompost und Blumen-Erde für frische Pflanzungen. Blumenerde, die Du beim Gärtner oder im Gartencenter kaufst, entstammt *Kompostanlagen*, die aus dem Inhalt von Bio-Tonnen frische Blumenerde machen.

☺ **Tipp:** Am Balkon kannst Du mit einer **Wurmkiste** oder einem **Bokashi-Eimer** selber Dünger herstellen. In dir Wurmkiste gibst Du ein wenig Blumenerde und *Rotwürmer* und alle Küchenabfälle, wie Kartoffelschalen, die äußeren Salatblätter beim Salatputen, Apfelschalen, usw. Diese Pflanzenabfälle fressen die Rotwürmer gerne und machen daraus Blumenerde.

Daher gehören <u>keine</u> Fleisch-, Fisch- und Wurstreste in die Kiste, auch kein Brot und kein Papier und kein Plastik.

Die Kiste mit einem Deckel verschlossen, kannst Du auf den Balkon stellen, so dass sie und sie nicht nach Abfällen riecht oder stinkt. *Rotwürmer* (spezielle Regenwürmer) kannst Du bei jedem Anglershop kaufen!

Zusatz-Nutzen: Die Würmer bewegen sich in der Erde von Bissen zu Bissen. Durch dieses Wühlen halten sie die Erde locker und luftig.

3.2.4. Pflanzen-Nachbarn

Verschiedene Pflanzen-Arten und Pflanzensorten kannst Du eigentlich nebeneinander pflanzen. Sie können sich dann gegenseitig helfen, z.B. in der Schädlingsbekämpfung und über einen Nahrungsaustausch über die Wurzeln. „**Gute Partner-Pflanzen**" unterstützen sich sogar beim Wachstum.

Es gibt also **gute Nachbarn** im Pflanzenreich, wie z.B.: Bohnenkraut, Erdbeeren, Dill, Gurken, Kartoffeln, Kohl, Kohlrabi, Kopf- und Pflücksalat, Mangold, Radieschen, Rettich, Rhabarber, Rote Bete, Sellerie, Tomaten.

Schlechte Nachbarn z.B. sind oft: Erbsen, Fenchel, Knoblauch, Lauch, Zwiebeln. In den **folgenden Listen** zu den meisten Pflanzen geben wir gute, aber auch schlechte Nachbarn an.

Pflanzt Du schlechte Nachbarn neben bestimmte Pflanzen, dann kann die „Feindschaft" so groß werden, dass Deine Pflanze nicht wächst oder sogar eingeht!

Daher ist es wichtig, bei der Planung zu prüfen und zu überlegen, welche Pflanzen zusammenpassen und welche nicht. Die Gärtner sprechen hier auch von „**guten**" und „**schlechten *Kooperationen***"!

3.2.5. Jede Pflanze braucht Platz

Ob Du jetzt Pflanzen aus Samen ziehst, oder kleine Pflanzen-Setzlinge kaufst, jede Pflanze braucht Platz um, sich herum, denn sie wird nämlich in der Breite und der Höhe wachsen.

28

Wenn Du also Balkonkästen oder Töpfe und Tröge bepflanzt, dann denke immer daran, Platz im Gefäß und am Balkon einzuplanen. Bei den meisten Pflanzen nennen wir Dir den Platzbedarf.

Bei denjenigen Pflanzen, die einen großen Platzbedarf haben, geben wir den jeweiligen Bedarf in der Pflanzenbeschreibung an!

3.2.6.   Jeden Tag beobachten und pflegen

Ob etwas wächst oder ob wirklich die eigene Saat oder die gepflanzten Stecklinge ankommen, stellst Du nur durch regelmäßiges Beobachten fest.

Nur durch genaues Hinschauen erkennst Du, ob die Pflanze krank ist oder von Pilzen oder Schädlingen befallen ist.

Ein Blumenkasten oder ein Topf oder Pflanzkübel braucht eine „umfassende Pflege"!

Hast Du eine Checkliste Deiner Pflege? So bist Du sicher, dass es Deiner Pflanze an nichts fehlen wird!

Im Anhang dieses Buchen zeigen wir dir eine Pflegeliste.

4. Vorbereitungen für den Balkongarten

Wenn Du Deinen Balkon in einen Garten verwandeln möchtest, ist es sehr wichtig, dass Du Dir vorher über einige Punkte im Klaren wirst. **Vor der Arbeit im Balkongarten kommt daher die Planung!**

4.1. Ein paar Überlegungen zur Größe des Balkons

Selbst auf dem kleinsten Balkon von 2 ½ qm kannst Du Blumen oder Gemüse anpflanzen und hast sogar noch Platz für einen Liegestuhl.

Vorab solltest Du Dir jedoch unbedingt ein paar Fragen, wie die folgenden, stellen:

30

- **Wie groß** ist der Balkon in Quadratmetern?
- **Welchen Teil** des Balkons möchtest Du als Garten nutzen (Geländer, Wand, Bodenfläche, Decke)?
- Wofür möchtest Du und Deine Eltern den **Balkon außerdem noch nutzen?**
- Möchtest Du und Deine Familie eine **Sitzecke** auf dem Balkon haben?
- Braucht Ihr den Balkon, um z.b. die **Wäsche** zu trocknen?

4.2. Himmelsrichtung - Die Ausrichtung des Balkons

Neben der Größe des Balkons ist die **Lage zur Sonne** einer der wichtigen Faktoren bei der Anlage des Balkongartens. Mit einem *__Kompass__* kannst Du die genaue Lage herausfinden!

Balkon-Hauptrichtung		
Lage	**Klima**	**z.B. welche Pflanzen**
Osten oder Westen	Vormittags- und Abendsonne, sonnig, und relativ windig	Salbei, Tomate, Thymian, Himbeere, Salate jeder Art, Kräuter, Radieschen, Kohlrabi, Brokkoli
Süden	Mittagssonne, sonnig, richtig-warm, *__mediterranes Klima__*	Lavendel, Zitrusbaum, Tomaten, Paprika, Chili, Gurken, Beeren, Auberginen
Norden	keine direkte Sonne, schattig, kühl	Mangold, Rote Beete, Feldsalat, Porree

Bei allen Pflanzen, die wir hier nennen, steht in der Beschreibung immer eine Standort-Empfehlung!

Neben der Himmelsrichtung sind auch die vom Gebäude vorgegebenen Bedingungen wichtig. Der schönste Südbalkon bringt nichts, wenn ein anderes Haus die Sonne versperrt.

Folgendes solltest Du daher bei der Planung Deines kleinen Gemüsegartens **unbedingt** berücksichtigen:

- **Helle Wände reflektieren Sonnenlicht und sorgen für zusätzliche Helligkeit.** Daher solltest Du sonnenliebende Pflanzen **vor eine solche Wand** stellen.

- **Wände sind Wärmespeicher.** Je näher Du Deine Pflanzen an eine Wand stellst, desto geringer sind die Temperaturschwankungen, denen sie z.b. nachts ausgesetzt sind. Außerdem können so auch halbschattige Standorte vom größeren Wärmeangebot profitieren.

- **Wände bieten Schutz vor Wind.** Besonders wenn Du in einer höheren Etage wohnst und auf Deinem Balkon schon mal der Wind bläst, ist es auch hier ratsam die Pflanzen möglichst nah an die Wand zu stellen. Balkongeländer sollten außerdem mit einem Windschutz versehen werden, vielleicht mit einer wetterfesten Plane, damit windstille Bereiche entstehen.

- **Ist Dein Balkon überdacht.** Ist ein Balkon direkt darüber und verdeckt den freien Himmel. Dann ist ein Schutz vor starkem Regen von oben. Oder ist der Balkon nach oben hin frei. Dann ist bei Regen an einen Regenschutz zu denken. Das könnte eine z.B. ausfahrbare Markise sein.

Tomatenpflanzen sollten nicht zu viel Regen abbekommen. Wer kein Dach für sein Gemüse hat, kann einen langen, stabilen Stab mittig in den Topf stecken und oberhalb der Pflanze einen durchsichtigen Regenschirm festbinden. Die Höhe sollte je nach dem Pflanzen-Wachstum angepasst werden.

4.4. Abschattung des Balkons

Wenn Dein Balkon südseitig ausgerichtet ist, besitzt Du möglicherweise eine Überdachung, eine Markise, um den Balkon und vor allem das Zimmer abzuschatten, also vor starker Sonneneinstrahlung zu schützen. Gemüse und *__mediterrane__* Pflanzen brauchen aber so **viel Sonne wie möglich** und gedeihen unter dem Schutz der Markise nicht so gut. In **diesem Fall** sind vielleicht ein paar Blumenkästen vor dem Balkon die bessere Wahl.

Hier ist der **Vermieter oder der Nachbar um Erlaubnis** zu fragen, der sich an Tropfwasser von Dir und Deinem Balkon stören könnte.

Aber **Pflanzen, die „Halbschatten" bevorzugen**, kannst Du eben mit einem Sonnenschutz, einer Marquise oder einem Sonnenschirm vor zuviel Sonne, z.B. auf einem Südbalkon, schützen.

4.5. Zeitaufwand

Je nachdem, wie viel Zeit Du für Deinen Balkon verwenden möchtest, solltest Du den Balkongarten unterschiedlich gestalten.

- Zwei bis drei Balkonkästen am Balkongeländer benötigen nur wenig Pflege.
- Wenn Du auf Deinem Balkon viele kleine Kräutertöpfchen stehen hast, von der Decke zusätzliche Blumenampeln hängen und im Balkonkasten der Salat wächst, musst Du für die tägliche Pflege mindestens eine halbe Stunde einplanen.
- Routine und Regelmäßigkeit schützt vor Vergessen. Nimm Dir bestimmte Tageszeiten vor, an denen Du Deine jeweiligen Pflege-Handlungen ausüben möchtest. Eine Checkliste kann Dir helfen zu erinnern, für wann Du Dir was vorgenommen hast. **Eine Pflege und Checkliste findest Du im Anhang!**

4.6. Bewässerung

Je mehr Pflanzen Du auf Deinem Balkon ziehen möchtest, desto mehr Wasser benötigst Du zum Gießen.

Der Weg vom Wasser zum Balkon sollte daher ebenfalls in Deine Überlegungen einfließen, wenn Du einen Balkongarten planst. Gieß-Wasser aus dem Hahn solltest Du immer mindesten **4 Stunden in einem 10 Liter-Eimer draußen auf dem Balkon abstehen** lassen oder Regelwasser auffangen, wenn es möglich ist.

34

Regenwasser ist einfach „milder", als Wasser aus dem Wasserhahn und vor allen Dingen ist es genau richtig in der Temperatur, nicht zu kalt und nicht zu warm. Es sollte ebenso warm, **wie die Lufttemperatur auf dem Balkon** sein! Zu kaltes oder zu warmes Gießwasser kann die Pflanzen „erschrecken" und am Wachstum hindern – Du würdest sicher auch erschrecken!

4.7.   Die richtige Erde

Je nach Pflanzenart benötigst Du die jeweils passende Erde. **Blumenerde** wird auch oft „*Substrat*" genannt! Falls Du Plastikverpackungen vermeiden möchtest, erkundige Dich nach unverpackter Erde in Deinem Umfeld. Oftmals erhältst Du im Recyclingcenter lose Blumen-Erde und kannst sie in eigenen Behältern nach Hause transportieren.

Blumen-Erde bekommst Du in jeder Gärtnerei und in jedem Baummarkt. Die soll frei sein von **Torf**, fremden **Pflanzensamen** und **Erdschädlingen**, aber schön mit viele der notwendigen Nährstoffe für die Pflanzen enthalten!

„Superbillige Blumenerde" lohnt sich daher nicht zu kaufen, weil darin oft Fliegeneier sind, die Du als Schädlinge schwer loswirst. Bei Obst – und Taufliegen, so klein sie auch sind, legt jedes Tier bis zu 300 Eiern und das kann zu einer nervigen Fliegenplage führen!

Es gibt auch „Blumenerde" aus **Kokosfasern**. Auch dieses *Substrat* ist voller Nährstoffe.

Sollten beim Balkon-Gärtnern bestimmte Pflanzen besondere und spezielle Erde, z.B. mit Sand-Beimengungen benötigen, dann teilen wir Dir das bei in der jeweiligen Beschreibung mit.

4.8. Bodenfeuchtigkeit feststellen

Ob Deine Pflanzen allgemein ausreichend Wasser haben, kannst Du ganz leicht herausfinden, indem Du die Erde mit den Fingern befühlst. **Sie fühlt sich warm und trocken an?** Dann brauchen Deine Pflanzen Wasser. Oder Du fühlst, dass die Erde feucht ist? Dann kann das nächste Gießen noch etwas warten.

☺ **Das nennen wir den täglichen _„Fingertest"_, um die Feuchtigkeit der Blumen- oder Pflanzenerde zu messen!**

4.9. Das richtige Werkzeug für den Balkongarten

Du brauchst nur wenige Werkzeuge, um mit Deinem Balkongarten zu starten. Im Handel erhältst Du geeignete Handwerkzeuge, die sich für die Arbeit mit Töpfen, Balkonkästen und im Hochbeet besser eignen, als die großen Gartenwerkzeuge für Parzellen-Gärten oder Äcker.

☺ **Dieses Gartenwerkzeug solltest Du anschaffen, wenn Du einen Balkongarten anlegen möchtest:**

Du brauchst ein 3er Gartenset mit einer kleinen **Harke** und 2 unterschiedlichen **Schaufeln**, dazu auch eine **größere Schaufel** zum Umtopfen und um Behälter mit Erde zu füllen, eine normale **Schere** und eine **kleine Astschere**, eine **Gießkanne mit Brause-Sieb**, eine **Sprühflasche** und ein paar **Gartenhandschuhe** und vielleicht noch einen **10 Liter Eimer**, um Wasser abstehen zu lassen.

4.10. Die richten Pflanzgefäße für den Balkongarten

Unterschiedliche Pflanzen haben jeweils eigenen Platzbedarf bspw. für das Wurzelwerk oder sie wachsen breit und buschig. Je nachdem, welche Pflanzen Du in Deinem Balkongarten ziehen möchtest, benötigst Du unterschiedliche Pflanzgefäße.

4.10.1. Überlegungen zum Material

Pflanzgefäße bestehen aus unterschiedlichen Materialien, wie: Pappe, Kunststoff, Holz, Terrakotta oder Keramik. Jedes Material hat unterschiedliche Eigenschaften.

- Zum Samen auf der Fensterbank zu ziehen, benutzen wir **Eierpappen** und **leere Eierschalen** (siehe das Pflanzbeispiel „Radieschen" im Kapitel 10.2.)
- Pflanzgefäße aus **Kunststoff** sind sehr leicht und daher sehr beliebt.
- Töpfe aus *Terrakotta* sehen hübsch aus, speichern Feuchtigkeit, die sie später wieder abgeben können und gleichen die Temperatur-Schwankungen aus. Aber Terrakotta ist sehr schwer und für große Pflanzgefäße am Balkon nicht so gut geeignet.
- Bei Pflanzgefäßen aus **Holz** verwittert das Material schnell und ist nicht so lange haltbar.
- **Keramik** ist nicht frostbeständig und eignet sich daher nicht für den Winter.

4.10.2. Die richtige Größe des Pflanzgefäßes

Neben Optik und Material, spielt die richtige Größe eine entscheidende Rolle. Damit sich die Pflanze gut und gesund entwickeln kann, muss der gesamte Wurzelbereich bequem Platz im Gefäß finden. **Nicht vergessen:** Jedes Gewächs entwickelt sich **über** und **unter dem Boden!** Hohe Pflanzgefäße können mehr

Feuchtigkeit speichern; in kleinen Gefäßen besteht die Gefahr, dass die Erde zu schnell austrocknet.

Für bestimmte Pflanzen ist der bekannte Balkonkasten zu klein. Die brauchen dann einen **Pflanzkübel** mit einem **Untersetzer**, zum Auffangen des überschüssigen Wassers, und müssen auf dem Boden des Balkons stehen.

Manche Pflanzen brauchen auch sehr viel **Abstand zur nächsten Pflanze**, weil sie **breit und buschig** wachsen, die brauchen einen **Topf**, einen **Bottich** oder einen **Kübel**.

Andere wachsen mit **Ranken**, wie Bohnen und Erbsen und die wollen „klettern"! Denen musst Du eine **Kletterhilfe** bauen.

Andere bilden „**Hängeranken**"; für die passt eine „**Hänge-Ampel**" sehr gut!

Es gibt seit kurzen auch kleine **Bäumchen** für den Balkon, an denen Apfel, Birnen, Pflaumen und Aprikosen wachsen. Die werden **Bonsai-Bäumchen**, oder **Säulenobst-Bäumchen** genannt.

Bei jeder Pflanze, die wir dir hier zum Anbau vorschlagen, geben wir ganz klare Hinweise auf die erforderliche Art der Pflanzgefäße!

Auf den folgenden Seiten geben wir die Tipps für Gefäße!

Da gibt es wirklich viele Möglichkeiten:

- Balkon- oder Blumenkasten für das Balkongeländer, nach innen, aber auch nach außen hängend, oder mache „reiten" auch auf dem Balkon-Geländer,

- hängende Topf-Ampeln für hängende und rankende Pflanzen. Dazu muss aber Dein Balkon eine Decke oder einen anderen Balkon „über sich haben", denn jede Hänge-Ampel muss mit einem Dübel und einen Haken befestigt werden,

- auf dem Boden stehende Töpfe, Pflanzkübel und Schalen in unterschiedlichen Größen, für Pflanzen, die Platz in der Breite brauchen,

- Körbe und andere kreative Pflanzgefäße, teilweise aus Textilien und Holz, bis hin zu einer Euro-Palette mit Blech-Einsätzen, um die Blumen oder Kräuter dort einzupflanzen.

Achte darauf, dass jeder Topf einen passenden Untersetzer hat! Der Untersetzer fängt das überschüssige Gießwasser auf. Dadurch wird einerseits Dein Balkon nicht verschmutzt, aber andererseits haben die Wurzeln der Pflanze die Möglichkeit zu einem späteren Zeitpunkt das Wasser aufzunehmen und Du kannst sie weniger oft gießen.

So kann überschüssiges Wasser ablaufen und „**Staunässe**" im **Pflanz-Gefäß** verhindert werden. Sonst fangen die Pflanzenwurzeln an zu faulen und die Pflanzen sterben. Es gibt sogar Balkon-kästen, die das überschüssige Gießwasser ableiten können oder sie haben teilweise eigene „Wasserspeicher", aus dem sich Pflanzen selbst bedienen können.

Also zu wenig Wasser ist für die Pflanzen genauso so schlecht, wie zuviel Gießwasser und „Staunässe"!

Verschiedene Pflanz-Gefäße zum Balkon-Gärtnern:

Töpfe, Bottiche und Kübel

Etageren und Leitern

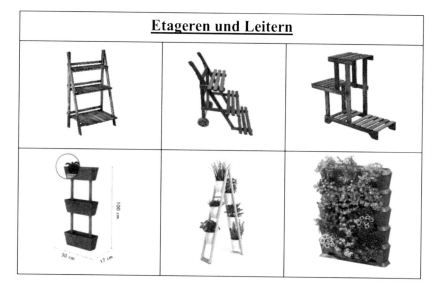

Hochbeete und andere Behältnisse

DIY- Hochbeet	*Hochbeet-Kunststoff*	*Hochbeet-Holz*
Wand-Pflanz-Taschen	*Hänge-Ampeln*	*Paletten mit Einsätzen*

Rankhilfen für Kletterpflanzen

Rankhilfe am Topf/Bottich	*Rankhilfe direkt am Beet*	*Rankhife bei Etagere*

Zucker-Erbsen, grüne Bohnen, aber auch **Kletter-Erdbeeren** brauchen „**Gestelle**", damit sie in die Höhe **Ranken** ausbilden und Halt finden. Das hier ist nur eine kleine Auswahl. Am einfachsten sind Klettergestelle, die man in Töpfe und Bottiche stecken kann.

Bewässerung der Behältnisse		
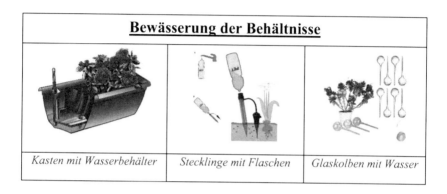		
Kasten mit Wasserbehälter	*Stecklinge mit Flaschen*	*Glaskolben mit Wasser*

Es gibt schon **Balkonkästen mit Wasserspeicher**, aber gleichzeitig auch, um zuviel Gießwasser abzuleiten und aufzufangen (oben links).

Dann gibt es „**Stecklinge**" an die eine Wasserflasche passt und Glaskolben, die mit Wasser gefüllt in die Erde gesteckt werden! (oben Mitte)!

Dann gibt es **Glaskolben**, die Du mit Wasser gefüllt in die Erde des Blumentops oder den Balkonkasten stecken kannst.

Die trockene Erde holt sich dann selbst Wasser.

Das ist aber für Dich nur eine zusätzliche Gießhilfe, weil diese Wasser-Behälter auch irgendwann leer sind! Aber sie sind gut für einen sonnigen und warmen Süd-Balkon!

44

5. Was Kinder gerne pflanzen

Jetzt können wir uns mal Gedanken machen, was Ihr auf dem Balkon pflanzen möchtet. Es gibt **Duftbeete**, also Gefäße mit Pflanzen, die ein lecker riechendes Aroma verbreiten. Oder **Blumenbeete**, mit schönen Blüten, die nicht nur für die Insekten als Nahrungsgeber dienen, sondern deren **Blüten Ihr teilweise** essen könnt, z.B. im Salat. Oder es gibt **Naschbeete**, mit essbaren Kräutern, Gemüse- und Obstsorten, bei denen die Früchte je nach spontaner Lust zum Essen geerntet werden. Oder Beete mit Pflanzen, mit denen man Eier und Stoffe Färben kann, **sogenannte Färber-Beete**.

5.1. Im Duftbeet wachsen:

Schokoladenblume: sie duftet wie ein Mars-Riegel

Cola-Kraut: die Blattspitzen schmecken wie das Getränk

Gummibärchen-Blume: ist wie „Süßigkeiten für die Nase"

Lakritz-Tagetes: passt gut zum Nachtisch

Pfefferminze: schmeckt und riecht erfrischend

Rosmarin: riecht und schmeckt sehr gut

Lavendel: ob blau, rosa oder weiß, alle Sorten riechen gut

5.2. Im Blumenbeet wachsen:

Strohblumen: die sind farbenfroh und pflegeleicht

Sonnenblume: sie keimt schnell und dreht sich immer zur Sonne

Ringelblume: schön und anspruchslos, sie sieht schön aus

Spiegelei-Blume: so unkompliziert wie ein Frühstücksei

Bienenfreund: sie lockt fleißige Bienchen an

und viele _„essbare Blüten"_ (siehe Kapitel 8.3.).

5.3.   Im Naschbeet wachsen:

Karotten: das ist ein kinderleichter Knabber-Spaß

Radieschen: easy anzupflanzen und roh zu essen

Kohlrabi: der kann auch roh gegessen werden

Gurken: die man sofort essen, aber auch sauer einlegen kann

Erdbeeren: fleißige Fruchtlieferanten

Schnittlauch: der kommt jedes Jahr wieder

Chili: bunte Früchte mit unterschiedlicher Schärfe

Paprika: roh, gekocht oder eingelegt, sie ist sehr gesund, hat viel Vitamin C, in den Farben, grün, gelb, orange und rot.

Tomaten: Mini-Tomaten bis hin zu Tomaten-Bäumchen

Aber auch Obst , das an kleinen Bäumchen wächst, wie Kirschen, Pfirsiche, Limetten, Pflaumen, Brombeeren, usw.!

5.4.   Im Färberbeet wachsen:

Zwiebeln: wir brauchen nur die Schalen davon

Spinat: wir brauchen zum Färben die Blätter

Kurkuma: Färben geht aber auch mit Kurkuma-Pulver

Rotkohl: wir brauchen die Blätter

Blaubeeren: wir brauchen die Beeren-Früchte

Rote Beete: wir brauchen die Früchte

Brennnessel: wir brauchen die Blätter

Zimt-Himbeere: bringt violette Farbe

Tagetes: schöne gelbe Farbe

Kornblume: grüne Farbe

usw.

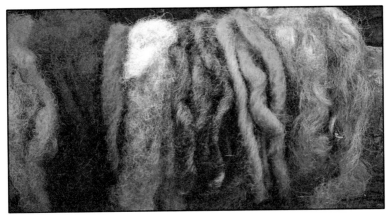

Wolle mit verschiedenen Naturfarben gefärbt

6. Erstelle einen Bepflanzungsplan

Wenn Du jetzt zusammen mit Deinen Eltern einen Balkon-Garten anlegen willst, solltest Du zuerst einen Plan machen und mit einem Stift auf Papier aufzeichnen. Antworten auf die folgenden Fragen bringen Euch zu einem **gemeinsamen Plan**:

- Welchen Balkons möchtet Ihr gemeinsam bepflanzen, falls Ihr mehrere Balkons habt?
- In welche Himmelsrichtung „schaut" der Balkon? Woher kommt das Sonnenlicht?
- Welche Pflanzen kommen bei Eurer Balkonlage infrage – was soll oder wollt Ihr ernten können?
- Wieviel Fläche vom Balkon wollt Ihr zum Gärtnern nutzen?
- Welche und wie viele Behältnisse kommen infrage?

Ein Plan kann z.B. so aussehen:

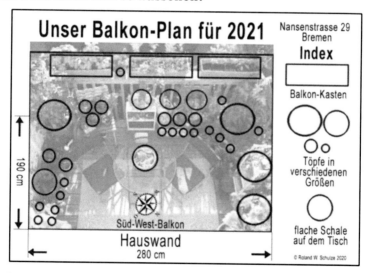

<u>Jetzt fehlt nur noch Euer Stell- und Pflanzen-Plan!</u>

48

7. Jetzt geht´s los: wir beginnen die Bepflanzung

Falls Du das erste Mal Deinen Balkon bepflanzt, starte mit **einfachen Pflanzen und Samen**. Im **Kapitel 10.** zeigen wir Dir Schritt-für-Schritt, wie man **KRESSE** und auch **RADIESCHEN** aus **Samen** gepflanzt werden.

Bei vielen anderen Pflanzen-Vorschlägen greife besser auf vorgezogene, kleine Pflanzen zurück. Dadurch hast Du schneller einen Erfolg. **In den Beschreibungen geben wir Dir Tipps!**

So bepflanzt Du Dein Pflanzgefäß

1. Decke die Löcher im Boden des Pflanzgefäßes mit Tonscherben oder Steinen ab. Das ist wichtig, damit die Erde den Abfluss nicht verstopfen kann und das überschüssige Gießwasser ablaufen kann.
2. Befülle den Balkonkasten oder den Topf einige Zentimeter mit Erde.

3. Entferne den Topf von der vorgezogenen Pflanze.
4. Setze die Pflanze mit Erdballen in das Pflanzgefäß. Der obere Rand des Erdballens sollte ungefähr 2 bis 3 Zentimeter unterhalb vom Topf- oder Gefäßrand sein.
5. Befülle die Zwischenräume mit Erde.
6. Drücke die Erde in den Zwischenräumen mit den Händen gut fest!
7. Gib falls nötig, noch etwas Erde nach. Die Erde soll bis zum obere Rand des Erdballens der Pflanze reichen. Lass einen ***Gieß-Rand*** von mindestens 2 bis 3 Zentimetern an der Gefäßwand frei!
8. Gieße die neu umgetopfte Pflanze gut an.

Alles richtiggemacht? – Prima! Deine 1. Saison hat begonnen!

☺ **Tipp: Zur welche <u>Uhrzeit</u> solltest Du bepflanzen?**

- Bepflanze die Balkongefäße am besten am späten Nachmittag, wenn die Sonne nicht mehr so heiß ist.
- Stell das Pflanzgefäß für ein bis drei Tage in den Schatten, bis sich die Pflanzen gut angepasst haben.
- Achte in den ersten Tagen darauf, die Pflanzen regelmäßig zu gießen.

☺ **Tipp: <u>Wieviel</u> solltest Du täglich <u>gießen</u>?**
Etwa 10% des Gefäß-Inhalts an Gießmenge Wasser ist eine „alte Gärtner-Regel". Stehen die Pflanzen aber auf einem Süd-Balkon mit viel Sonneneinstrahlung, dann musst Du wesentlich mehr gießen, weil einfach mehr Wasser verdunstet. D.H. hier musst Du jeden Tag die Feuchtigkeit der Erde kontrollieren.

8. Was alles kannst Du pflanzen

8.1. Schöne Blumen für den Balkongarten

Blumen eignen sich besonders gut für beginnende Balkongärtner. Achte beim Kauf auf ***regionale Blumen***, also Blumen, die hier bei uns im Lande wachsen! Dadurch sind sie das Klima gewohnt und verkraften z.B. das Umtopfen besser, als tropische Pflanzen.

Blumen pflanzt Du ganz einfach über **Blumen-Samen**. Diese Samen-Körner steckst Du ca. 2 cm in den mit Erde gefüllten Topf oder den Balkonkasten. Dann bedeckst Du den Samen wieder mit ein wenig Erde und drückst ihn auch ein wenig an – **Fertig**!

Auf jeder **Samentüte** steht immer als Information zu der speziellen Pflanze, wann die beste Pflanzzeit ist, ob viel **Sonne** und **Wasser** oder lieber weniger notwendig ist!

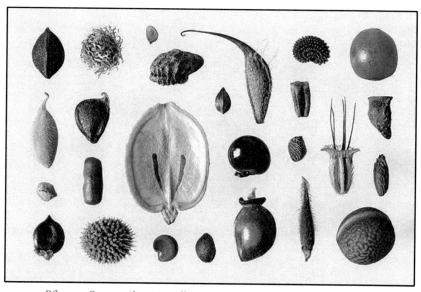

Pflanzen-Samen gibt es in völlig unterschiedliche Größen und Formen

Wenn die gezogenen Pflanzen so groß geworden sind, gehören sie auf den Balkon!

Bienenfreundliche Pflanzen bieten mehr als nur bunte Blüten. Sie sind besonders reichhaltig an Nektar und Pollen; das ist reine Bienen-Nahrung!

8.2.   Ein Beet mit Färberpflanzen

Schon früher hat man gewebte Stoffe und Wolle mit Naturfarben gefärbt. Man hat dazu Pflanzen genommen, die ***Farb-Pigmente*** enthalten! Das kennst Du sicherlich aus der Küche, denn, wenn man diese Pflanzen anfasst, z.B. Rote Beete, dann färben sich Deine Finger und Hände **rot**. Du kannst also auch einen Balkongarten nur mit Pflanzen bestücken, die Farbstoffe enthalten.

Färbe-Pflanze	Welche Farbe?
Zwiebel-Schale	Gelb-Orange
Kurkuma / Gelbwurz	Gelb
Rotkohl-Blätter	Hellblau
Blaubeeren	Blau
Spinat-Blätter	Grün
Rote Beete	Rot

Färben mit Pflanzenfarben

Heute sind fast alle Färbemittel und Farben, mit denen z.B. unsere Kleidungsstücke, Stoffe und Wolle allgemein, (aber eben auch Ostereier) gefärbt werden **künstliche und chemische Farben.**

Früher hat man nur mit Naturfarben gefärbt. Diese Farben wurden aus den Blättern, Blüten, Rinden, Wurzeln und Früchten bestimmter Pflanzen gewonnen, die starke ***Farb-Pigmente*** beinhalten. Diese Farb-Pigmente muss man aus den Pflanzen herausziehen, herauslösen, teilweise herauskochen – das nennt man *extrahieren*!

Auch aus bestimmten, **farbigen Steinen,** kann man Naturfarben gewinnen. Diese Steine hat man gemahlen und hat das entstandene farbige Pulver mit Bindemitteln, wie Eiweiß, zu Färbemittel oder sogar Wand- und Fassenden-Farbe verwandelt.

Es muss also nicht immer Chemie sein: Mit den oben gezeigten Pflanzen kannst Du ganz leicht und natürlich Baumwoll-Stoffe und Wolle färben (und natürlich auch Ostereier).

Alle oben genannten Pflanzen und „Färberfrüchte" zerkleinerst Du, oder stampfst sie und lässt sie in einer Wasser-*Alaun*-Lösung ungefähr 30 Minuten kochen. Dann legst Du z.B. weiße Eier in das gefärbte Wasser und die Eierschale nimmt die jeweilige Farbe an. Eier rausnehmen und trocknen lassen.

Alaun ist ein Kristallpulver und das bekommst Du in jeder Apotheke! Alaun hilft, die Farbe aus der Pflanze zu lösen.

Wenn Du die Eier länger in dem heißen Wasser liegen lässt, werden sie gleich auch noch hartgekocht und damit haltbarer!
54

Was sind eigentlich Färberpflanzen?

Grundsätzlich befinden sich in **allen Pflanzen Farbstoffe**: nicht nur in den bunten Blüten, sondern auch in Blättern, Stängeln, in Rinden und Wurzeln. Erst z.B. beim Kochen und *Extrahieren* sieht man, ob und welche Farbstoffe sich aus den Pflanzen "herausholen" lassen.

Hier ein paar Beispiele:

Gelbe Farbtöne:

Zwiebel-Schalen, aber auch die **Färberkamille** und auch **Löwenzahn-Blüten** liefern auch **gelbe Farben**.

Orangengelbe Farbtöne:

Der **Safran-Krokus** liefert orangengelbe Farbtöne, wächst aber leider nicht auf unserem Balkon.

Blaue Farbtöne:

Wenn Du die Beeren des **schwarzen Holunders** und die Früchte von **Heidelbeere** oder **Schwarzer Johannisbeere** zerstampfst und kurz mit Wasser aufkochst, bekommst Du **blaue Farbe**. Wenn Du beim Aufkochen von Schwarzen Holunderbeeren **Seifenwasser** nimmst, wird der Farbstoff **intensiv Blau**. Wenn Du **Essig** in das Kochwasser schüttest, wir die **Farbe Rot!**

Rote Farbtöne:

Zerstampfe oder zerschneide die Blätter von **Rotkohl** und koche diese aus, so gewinnst Du rote Farbtöne. Auch **rote Trauben**, genauer die rote Schale, liefert roten Farbstoff.

Grüne Farbtöne:

Wenn Du die Blätter von **Brennnesseln**, zwischen April und Mai, klein schneidest und in einer Mischung von Wasser und Alaun auskochst, bekommst Du Grüntöne.

Zarte Rosa Töne:

Obwohl sie innen grün ist und der Kern dunkelbraun, liefert die **Avocado-Frucht** Rosatöne.

Braune Farbtöne:

Die Haut von noch grünen **Walnüssen**, aber auch die **Walnuss-Baum-Blätter** und die **Baumrinde** liefern braue Farben.

Aus **Färberpflanzen** können **Tinten**, **Stoff-Farben**, **Kosmetika**, **Wandfarben**, **Theaterschminkfarben**, **bunte Heil-Tees** und **farbige Speisen** hergestellt werden.

☺**Tipp: Wer es ausprobieren möchte**, der sollte einfach Blüten oder Blätter zerreiben, mit Wasser mischen und beobachten, ob sich Farbstoffe herauslösen lassen.

56

Wenn das gelingt, hast Du schon mal Aquarell-Farben und Du kannst damit drauflosmalen und auch färben!

Kräftiger werden Farben, wenn Du den _**Sud**_ eingekochst. Damit verdampft Wasser und die Farbe wird „dicker und kräftiger"!

Die Pflanzenfarben können dann zum Beispiel als **Tinte**, zum **Batiken** oder zum **Färben** von Wolle verwendet werden. Abgekocht und gut verschlossen sind sie lange haltbar. So lassen sich die bunten Farben des Sommers bis in den Winter retten.

Naturfarben gewinnen ist teilweise eine komplizierte und aufwendige Angelegenheit. Nicht alle Farben lassen sich so einfach aus den Pflanzen gewinnen, wie wir das hier beschrieben haben.

Oft muss man mit Alkohol, Alaun, Salz, Wasser, Essig, usw. über Kochen und über andere Wege die Farben herauslösen.

Das solltest Du nicht alleine, sondern nur zusammen mit Erwachsenen durchführen!

Am Schluss dieses Buchen haben wir unter **Einkauftipps** zwei Adressen, die über ihren ONLINE-SHOP sogenannte **Färberpflanzen als Samen oder im Blumentopf** anbieten.

Das ist **Stauden-Becker** in Dinslaken und **Staudengärtnerei-Gaißmayer** im bayrischen Illertissen.

8.3.   Blüten die man essen kann

Blühende Pflanzen sind schön - aber es gibt auch Pflanzen, deren Blüten ungiftig sind und **die wir essen können und die richtig gut schmecken**, z.B. in Salaten. Da freuen sich die Insekten, so, wie Ihr Euch auch! **Welche Blüten vom welchen (ungiftigen) Pflanzen kannst Du nun essen?**

Das hier sind alles essbare Blüten!

Essbar sind z.B. <u>Blüten der folgenden Pflanzen</u>:

- Gänseblümchen
- Lavendel
- Hibiskus
- Kornblumen
- Begonien
- Klee

- Löwenzahn
- Thymian
- Orange,
- Zucchini
- Holunder
- Ringelblumen

- Dahlien
- Erika
- Schafgarbe
- Kapuzinerkresse
- Bohnenkraut
- Zichorien.

58

Die Samen für diese Blumen erhältst Du beim Samen-
händler, u.a. im ONLINE-Shop im Internet. Im Anhang
zeigen wir Dir eine Tabelle mit Einkaufsmöglichkeiten!

*Vollkornbrot mit Frischkäse, Radieschen-Streifen, Gänseblümchen-
und großen rötlichen Kapuzinerkresse-Blüten*

Viele Blüten haben einen eigenen Geschmack, wie z.B. die Kapu-
ziner-Kressen-Blüte. Solche Blüten passen in jeden Salat, aber
auch auf eine Scheibe Vollkornbrot (siehe oben)!

Die <u>essbaren Blüten erntest Du ganz einfach</u>, indem Du sie mit
der Schere direkt an der Blüte abschneidest!

Pflanzgefäße für Balkon-Blumen sind der Balkonkasten
und mittelgroße Tröge oder Maurer-Bottiche! Die Art und
Zusammensetzung der Standard-Blumenerde ist eigentlich
immer passend!

Achtet bitte darauf, was die einzelnen Blumensorten an Sonne und Wasser brauchen und was sie bevorzugen:

- Wieviel Sonne/Licht brauchen sie?
- Balkonlage in welcher Richtung?
- Wieviel Wasser?
- Wieviel Platz drumherum brauchen sie und wie groß und hoch können sie werden?
- Bilden sie Ranken, passen sie vielleicht in eine ***Hänge-Ampel***? Im **Kapitel 4.9.3.** zeigen wir alle Arten von Pflanzgefäßen!
- Brauchen sie eine ***Rank-Hilfe***, brauchen sie eine Abstützung?
- Ist eine besondere **Behandlung und Pflege** notwendig?

Das sind alles essbare Blüten!

8.4. Leckere Kräuter für den Balkongarten

Kräuter zum Trocknen aufgehängt

Kräuter schmecken und riechen sehr gut. Jedes Kraut tut das auf seine eigene Art und Weise. Du kannst oft die Blätter roh essen und mit ihnen die Speisen beim Kochen und Braten würzen. Du kannst sie entweder trockenen für den Küchen-Einsatz im Winter oder Du kannst sie auch einfrieren.

Alle Kräuter sind **gesund** und können oft als ***Natur-Medizin*** eingesetzt werden, weil sie z.B. heilende Ölbestandteile haben (z.B. Pfefferminz-Öl bei der Pfefferminz-Pflanze), oder auch wichtige Vitamine und Mineralien enthalten, die wir Menschen zum Leben brauchen!

Es wird vermutet, dass der Mensch bereits seit 70 000 Jahren Kräuter als Heilkräuter einsetzt. Im Frühmittelalter ist das Wissen rund um die Heilkräuter immer weiterentwickelt und für die Nachwelt festgehalten worden. Gerade Nonnen und Mönche haben früher in ihren Klöstern oft sehr große Kräutergärten mit Heilpflanzen angelegt und die ersten Kräuterbücher geschrieben.

Aus der Natur-Medizin ist später auch die gesamte moderne Medizin-Welt erstanden, so wie wir sich heute kennen.

Kräuter kannst Du sogar in der Wohnung, auf der Fensterbank in Töpfen halten oder alle Kräuter gemeinsam in einem großen Kräutertopf ziehen. Der kann auch auf dem Balkon-Boden stehen.

Auch Balkonkästen eignen sich sehr gut für viele Kräuter als Pflanzgefäß!

Kräuter sparen langfristig das nicht nur Geld, sondern Du hast sie dann selbst zuhause und brauchst sie nicht zu kaufen! Das macht Dich und Deine Familien auch etwas unabhängiger vom Angebot im Supermarkt. Und das nicht erst ab Frühlingsanfang und im Sommer, sondern das ganze Jahr über, denn eingefroren oder getrocknet lassen sich Kräuter hervorragend lagern und auch im Winter beim Kochen usw. benutzen und einsetzen.

Ein besonderes Erlebnis für Deine Nase (und später auch für Deine Zunge) ist ein **Kräutergarten**.

- **Pfefferminze** wächst schnell und ist vollkommen unproblematisch.
- **Zitronenmelisse** duftet und hat – wie der Name schon sagt – einnen **Zitronengeschmack**. In selbst gemachter Limonade schmeckt sie einfach köstlich.
- **Basilikum** möchte einen warmen, sonnigen Standort – hält es aber auch gut auf der Fensterbank aus und schmeckt

62

sehr gut zu Tomaten und Tomatensoße. Nicht zu viel gießen, will es sonst lästige Schädlinge bekommt.

- **Salbei** ist nicht nur gut gegen Halsschmerzen, sondern schmeckt auch lecker in Soßen. Auch er mag es warm und sonnig.
- Und **Lavendel** hält Stechmücken fern, mag es trocken und sonnig und belohnt Dich dafür mit einem wundervollen Duft.
- **Rauke** dagegen wächst super im Halbschatten, ist einfach zu halten und schmeckt prima auf einem Quarkbrot oder im Salat.
- das Gleiche gilt für **Schnittlauch.**

Es gibt sehr, sehr viele unterschiedliche Kräuter und einzelnen Sorten gibt es ist sehr vielen *Varianten*: so gibt es allein von der **Pfefferminze über echte 30 verschiedene Arten,** die alle unterschiedliche Geschmäcker bieten, anders riechen.

Bezüglich **Thymian gibt es allein 214 unterschiedliche Sorten,** wie z.B. Ingwer-Thymian und Orangen-Thymian, usw.

Wir haben hier, die in Deutschland gebräuchlichsten und wichtigsten Küchenkräuter vorgestellt, aber es gibt hunderte andere Kräuter mehr.

 **Ernte-Tipp: Auf die richtige Tageszeit kommt es an**

Während **Gemüse** immer **Spätnachmittags** geerntet wird, werden alle **Kräuter vormittags** geerntet, weil sie sonst durch die Mittagshitze und **intensive Sonnenbestrahlung viel *Aroma* ver-lieren.**

Ein Kräutergarten ist ein Paradies für die Sinne: Frisches Grün sorgt für gute Laune, duftet herrlich und schmeckt unvergleichlich lecker. Und das nicht nur für uns, sondern auch für **Wildbienen und Hummeln**, die von den Blüten angezogen werden.

Mit der Ernte kannst Du Suppen, Salate, Dips und Saucen verfeinern, Smoothies, Sommer-Drinks und Tees zubereiten und Dir sogar eine kleine *„Heilpflanzen-Hausapotheke"* zulegen.

Wir haben daher unter jeder Kräuter-Beschreibung diesen kleinen Hinweis mit speziellen Informationen eingefügt:

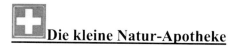

Die kleine Natur-Apotheke

Kräuter eigenen sich besonders gut für einen südlich und **westlich ausgerichteten Balkongarten**. Achte **beim Einkauf der Kräuter** darauf, dass sie in unserer **Region** gezogen wurden und aus **biologischem Anbau** stammen. Sie sind dann frei von synthetischen *Pestiziden* **oder sonstigen Chemikalien** und Du unterstützt so eine *nachhaltige Landwirtschaft*!

☺ **Tipp: Mit diesen Tricks bleiben Basilikum & Co. ewig frisch.** Frische Kräuter im Topf aus dem Supermarkt sind praktisch – überleben allerdings selten lange. Wir zeigen, wie Du Schnittlauch, Petersilie, Basilikum und Co. am Leben erhältst.

Ich verwerte oft nur einen Bruchteil der Kräuter, die dort drinstecken, denn die Pflanze geht schnell ein. Und selbst, wenn wir alles verwenden, fliegt der Topf nach wenigen Tagen mitsamt Plastik, Erde und Wurzeln in den Mülleimer.

Das geht besser: Töpfe mit Kräuterpflanzen kannst Du ruhig kaufen und pflegen, aber immer teilen und aufteilen und umtopfen!

Teile den frischen Kräuter-Topf auf 3 bis 4 Töpfe auf. Die Kräuter aus dem Supermarkt werden in der Regel zu dicht gedrängt in einen Topf gepflanzt, so haben sie keinen Platz zu wachsen und nehmen sich gegenseitig die Nährstoffe weg. **Dem wirkst Du entgegen, indem Du sie auf mehrere Töpfe aufteilst.**

Falls Du Dich für Basilikum, Rosmarin, Salbei und Co. im Topf entscheidest und als kleine Pflanze kaufst, achte auf **Bio-Qualität**. So stellst Du sicher, dass die Kräuter nicht mit *Pestiziden* oder anderen *Schadstoffen* belastet sind.

Verwende für das Umtopfen Gefäße mit einem Loch am Boden mit jeweils einem Übertopf, damit das Zuviel an **Gießwasser abfließen** kann. Zum Umtopfen eignet sich lockere Blumenerde, es muss keine spezielle Kräutererde sein. Ab und zu kannst Du Schnittlauch, Petersilie und Basilikum pflegen, indem Du sie mit etwas **Kompost-Erde** düngst oder ihnen mit natürlichem oder *ökologischen Dünger* beim Wachsen hilfst.

Dazu eignet sich beispielsweise etwas *Kaffeesatz*, abgestandenes Bier, *Teesatz* (am besten von Grün- oder Schwarztee) oder Mineralwasser.
Jeden Dünger streust Du auf die Blumenerde oben drauf!

Achte darauf, nicht zuviel Dünger zu verwenden und den alten **Kaffee-** und *Teesatz* regelmäßig wieder zu entfernen. Das machst Du so nach 3 Wochen.

8.4.1.   Wie kann und solltest Du Kräuter pflücken / ernten?

Bei Kräutern erntest Du immer die **Blätter** oder **Blatt-Äste**, (z.B. bei Rosmarin), die Du mit einer **Schere abschneidest**. Du schneidest an jedem „Stängel" immer oben ein Stückchen ab und immer nur dann, wenn Du etwas brauchst! Kräuter schmecken am besten, wenn sie „**erntefrisch**" sind! Wenn Du sie zulange liegen lässt, werden sie weich und welk und verlieren ihr tolles **Duft- und Geschmacksaroma**.

Schneide nicht zu tief, d.h. lass an jedem Stängel **unten** immer eine Handbreit der Pflanze stehen, damit mit sie dort weiterwachsen kann. Schneide immer von außen nach innen und lass in der **Mitte der Pflanze „das Herz"** von ca. 3 cm stehen.

Somit kannst Du die meisten Kräuter über das ganze Jahr ernten. Den Pflanzen tut das auch gut und sie wachsen nach einem Beschnitt besser und buschiger!

Bei Kräutern darfst Du in Ausnahmen mehr abschneiden und ernten, als Ihr gerade braucht. Wenn Ihr die Kräuter z.B. trocknen lassen wollt, könnt Ihr sie noch im getrockneten Zustand im Winter nutzen, z.B. in Suppen und Soßen. Du kannst sie auch frisch ernten und dann gleich in der Gefriertruhe **einfrieren** – am Besten in einem Einweg-Glas mit Schraubverschluss.

Im Kapitel 8.1. beschreiben wir noch einmal, wie Du jeweils „richtig erntest" und zwar alle essbaren Balkon-Pflanzen, wie Kräuter, Blüten, Früchte, Obst, Salat und Gemüse!

66

Petersilie

Die Petersilie, ob **„krause oder glatte Petersilie"**, ist ein beliebtes Küchenkraut, das sowohl auf der heimischen **Fensterbank**, aber auch auf dem **Balkon** gedeiht. Die glatte Petersilie gilt als besonders *__aromatisch__*, gegenüber der krausen!

Sie zählt zu den **zweijährigen Pflanzen**. Das heißt, nach der Aussaat kannst Du zwei Jahre lang Petersilie ernten, bevor die Pflanze blüht und dann das Blattwachstum einstellt. Du kannst sie im Topf oder Kübel, aber auch in den Balkon-Kasten pflanzen.

Es gibt sie als **vorgezogene Pflanze** (als Steckling) im Topf im Supermarkt kaufen und zuhause kannst Du sie z.B. in den Blumenkasten umpflanzen. Du kannst aber auch **Samen** kaufen, sie auf der Fensterbank zum Keimen bringen und dann als kleine Pflanzen in Töpfen oder Blumenkästen einpflanzen.

Der beste Zeitpunkt Petersilie auszusähen, ist von **März** bis zum **Spätsommer**, weil dann die Pflanze schnell wächst.

Der beste Ort für Deine Pflanzung ist ein **windgeschützter, halbschattiger Balkon**. Die Petersilie mag also keine pralle Sonne und nicht zuviel Wasser (bitte KEIN Gießwasser und/oder Regen <u>von oben</u>) und vor allem **keine *__Staunässe__***. Topf-Pflanzen aus dem Supermarkt pflanzt Ihr zusammen mit dem eigenen Wurzelballen, in mit Gartenerde gefüllte Töpfe oder Balkonkästen.

Gekauften Samen steckt Ihr etwa 1 bis 2 Zentimeter tief in die Erde ein. Die Samen sollten einen Abstand von etwa 15-20 Zentimetern voneinander haben.

Petersilie hat eine Keimdauer von etwa drei bis vier Wochen. In dieser Zeit solltest Du darauf achten, dass der Boden immer feucht ist und kein fremdes Kraut auf dem Beet wächst. Wenn Du auch im Winter Petersilie ernten möchtest, kannst Du auch erst im Juli noch aussäen, d.h. zeitversetzt Keimen und wachsen lassen und eben später ernten!

Dann ist jedoch ein Anbau in einem Gewächshaus empfehlenswert oder natürlich im Zimmer auf der Fensterbank. Du kannst die Petersilie sofort nach der Ernte essen, zum Kochen und würzen der Speisen nutzen, einfrieren und auch trocknen.

 Die kleine Natur-Apotheke

Petersilie: dient der Blutbildung, dient der Entwässerung, hat viel Vitamin A, B, C, E, Folsäure und Eisen, die ***ätherischen Öle*** sind belebend.

Petersilie		
Im Beet	*Als Bund / Strauß*	*Die Blüte*

Petersilie

einpflanzen / säen	
Schwere des Gärtnerns	mittel
Beste Balkon-Lage	Ost- und West-Balkon
als Samen und Samen-Abstand	15-20 cm
Temperatur fürs Keimen	über 10 Grad
wann den Samen aussähen	März – Spätsommer
Samen-Keimdauer	3-4 Wochen
als vorgezogene kleine Pflanze	ja möglich
Abstand zwischen den Pflanzen	15-20 cm
mag andere Pflanzen	Radieschen, Porree, Zwiebel, Basilikum, Gurken, Tomaten
mag diese Pflanzen nicht	Kopfsalat, Zichorie
ist Düngung notwendig	am Anfang zur Saat
Dünger-Tipp	ökologischer Dünger
Pflanz-Gefäße	siehe auch Kapitel 4.1.0
Balkonkasten	gut
Topf, Kübel	geht auch
sonstiges Gefäß	kl. Balkon-Hochbeet
Rankhilfe notwendig	nein
Wind	windgeschützt
Wasser	Samen feucht halten, keine Staunässe
Sonne	Halbschatten
Pflanz-Zeit	März – Spätsommer
einjährig/zweijährig/mehrjährig	zweijährig
im Winter dunkel lagern	ganze Pflanze für Überwinterung

Petersilie Fortsetzung	
Ernte	
Erntezeit	April bis Oktober
Art der Ernte, wie ernten	Schere, nur bis zum Herz abschneiden
Ernte der Blätter, Früchte und Knollen	Blätter
wie Verarbeiten	roh, kleingehakt, zum Kochen
Verbrauch sofort	roh essen sofort möglich
Trocknen	waschen, ganze Büschel aufhängen
Einfrieren	waschen, schneiden, dann möglichst in einem Schraubglas

Schnittlauch

Schnittlauch gehört zu den beliebtesten Küchenkräutern. Er verfeinert viele Gerichte mit seinem würzigen *Aroma*, schmeckt aber frisch auch sehr gut auf einem Vollkorn-Butterbrot oder in einer Suppe oder auf Salzkartoffeln. Seine *Saison* ist von April bis Oktober.

Er wächst problemlos im Topf und möchte **alleine** stehen. Also im Blumenkasten, **neben anderen Pflanzen** fühlt er sich **nicht wohl**! Der Topf sollte halbschattig stehen, der Boden sollte immer leicht feucht sein, aber nicht zu nass und vor allem ohne *Staunässe* sein!

Wenn Du eine Schnittlauchpflanze aus Samen ziehen willst, dann denke bitte daran, dass er ein sogenannter „*Kalt-Keimer*" ist. Er braucht eine Luft-Temperatur von **unter 10 Grad**. Du musst ihn also schon im Februar-März aussähen. Bei höheren Temperaturen, wird der Samen nicht aufgehen und wachsen!

Du kannst ihn mit seinem Samen einsähen. Dabei drückst Du einige Samenkörner im Topf mit dem Finger ca. 2cm in die leicht feuchte Erde und bedeckst ihn dann auch wieder mit Erde. Denke daran, dass er beim Wachsen genügend Platz hat. Der Topf sollte schon mindestens 20cm *Durchmesser* haben. Düngen musst Du Schnittlauch eigentlich nicht.

Du kannst aber eine fertige Topfpflanze mit einer Schnittlauchpflanze im Supermarkt kaufen. Diese Pflanze topfst Du um, d.h. Du pflanzt sie mit der Erde und dem Wurzelballen in einen größeren Topf, denn Du mit Deiner Blumenerde gefüllt hast; Du gräbst in der Mitte ein Loch und darein kommt die gekaufte Pflanze; drücke sie dann leicht an und gieße die Pflanze.

Die hohlen Schnittlauchhalme erntest Du mir einer Schere immer von außen nach innen. Lass unten immer eine Handbreit Halme stehen.

Wenn der Schnittlauch anfängt zu blühen, dann hört das Wachstum der Halme auf. Mit dem Schneiden der Halme verhinderst Du die Blüte. Wenn der Schnittlauch blüht, dann geht die ganze Kraft in diese Blüte und die Halme haben nicht mehr das tolle *Aroma*, wie vor der Blüte.

Weil diese Pflanze *mehrjährig* ist, kannst Du dem Topf im Winter ins Zimmer holen, dann immer sehr, sehr wenig gießen und im Frühjahr wieder nach draußen stellen. Dann fängt die Pflanze noch einmal im nächsten Jahr an zu Wachsen.

Schnittlauch kannst Du gut trocken. Einfach ernten, Halme schneiden, in kleine Stückchen auch mit einer Schere schneiden (je ca. 7mm) und auf eine Lage Küchenpapier in einem trockenen und warmen Raum legen.

Den schließlich getrockneten Schnittlauch in ein Schraubglas füllen und so habt Ihr auch im Winter Schnittlauch.

Einfrieren geht genauso: also mit der Schere schneiden, dann zerkleinern, in ein Glas geben, Zuschrauben und gleich einfrieren!

 ## Die kleine Natur-Apotheke

Schnittlauch: reinigt Blut, ist Blutdruck- und Cholesterinspiegel-Senker, hat viel Vitamin C, Vitamin A, Folsäure, Eisen und Magnesium.

Schnittlauch		
Im Beet	*Als Bund / Strauß*	*Die Blüte*

Schnittlauch

einpflanzen / säen	
Schwere des Gärtnerns	mittel
Beste Balkon-Lage	Ost- und West-Balkon
als Samen und Samen-Abstand	15-20 cm
Temperatur fürs Keimen	10 Grad <= "Kaltkeimer"!!! wenig Licht zur Keimzeit
wann den Samen aussähen	Februar-März
Samen-Keimdauer	3-4 Wochen
als vorgezogene kleine Pflanze	ja möglich
Abstand zwischen den Pflanzen	15-20 cm
mag andere Pflanzen	möchte alleine stehen
mag diese Pflanzen nicht	möchte alleine stehen
ist Düngung notwendig	selten
Dünger-Tipp	ökologischer Dünger
Pflanz-Gefäße	siehe auch Kapitel 4.1.0
Balkonkasten	sollte alleine stehen Topf
Topf, Kübel	gut
sonstiges Gefäß	nein
Rankhilfe notwendig	nein
Wind	windgeschützt
Wasser	feucht, keine Staunässe
Sonne	halbschattig oder leicht sonnig
Pflanz-Zeit	März - Spätsommer
einjährig/zweijährig/mehrjährig	mehrjährig
im Winter dunkel lagern	ganze Pflanze für Überwinterung

Schnittlauch Fortsetzung	
Ernte	
Erntezeit	nur bis zur Blüte
Art der Ernte, wie ernten	Schere, nur bis zum Herz
Ernte der Blätter, Früchte und Knollen	Blätter
wie Verarbeiten	roh, kleingehakt, zum Kochen
Verbrauch sofort	roh essen sofort möglich
Trocknen	geht schlecht selbst zu machen
Einfrieren	waschen, in Ringe schneiden, dann einfrieren

Basilikum

Basilikum pflanzen ist ganz leicht: Ob im Garten, auf dem Balkon oder auf dem Fensterbrett – bei warmen Temperaturen wächst Basilikum fast von allein. Wir zeigen Dir, worauf Du beim Pflanzen und der Pflege achten solltest.

Basilikum ist wegen seines **aromatischen Geschmacks** eines der beliebtesten Gewürze. Die Pflanze ist pflegeleicht, benötigt aber viel Wärme und Sonne. Deshalb solltest Du Basilikum erst **ab Ende April** aussäen – vorher ist es in Deutschland oft noch zu kalt. Denn unter 10 Grad sollten die Temperaturen nicht fallen, weder am Tag noch in der Nacht.

☺ **Tipp**: Damit Du mehr Basilikum ernten kannst, ziehe die Pflanzen schon früh auf der Fensterbank vor. In einem kleinen Anzuchtbeet oder einem Blumentopf kannst Du einfach die Samen auf die Blumen-Erde streuen und das schon im März.

- Bedecke die Samen **nicht mit Erde**, denn sie brauchen Licht zum Keimen (es sich „***Licht-Keimer***").
- Gieße sie nach dem Aussäen mit etwas Wasser an.
- Sobald die ersten Keimlinge kommen, solltest Du sie ca. fünf Zentimeter auseinandersetzen. So haben sie genug Platz und nehmen sich nicht gegenseitig die Nährstoffe weg.
- Sobald die Pflanzen größer sind und es draußen warm ist, kannst Du sie im Abstand von ca. 20 Zentimetern im Balkonkasten anpflanzen.

Basilikum ist eine **einjährige Pflanze**, weil sie Frost nicht verträgt und es nicht über den Winter schafft. Deshalb musst Du entweder jedes Jahr aufs Neue Basilikum im Garten säen oder das Basilikum in Blumenkästen pflanzen – das klappt auch auf dem Balkon. Hole auch Blumentöpfe mit Basilikum zum Überwintern ins Haus auf die Fensterbank. Ob im Garten oder auf dem Balkon, folgende Standortanforderungen solltest Du berücksichtigen:

- viel Sonne und Wärme,
- windgeschützt,
- feuchter, wasserdurchlässiger Boden (***Staunässe*** unbedingt vermeiden!)
- Durchgehend mindestens zehn Grad,
- keinen Frost.

Bei der Pflege des Basilikums sind drei Dinge wichtig:

1. **Genug Platz**: Wenn Du Basilikum im Geschäft kaufst, stehen die Pflanzen dicht an dicht und gehen deshalb schnell ein. Im Garten und auf dem Balkon solltest Du diesen Fehler nicht machen und den Pflanzen viel Platz geben. Ideal ist ein Abstand von 20 Zentimetern zwischen den Pflanzen. **In einer nährstoffreichen Erde ist aber auch weniger Abstand möglich.**

2. **Düngen**: Um viel Basilikum ernten zu können, solltest Du Deine Pflanzen regelmäßig düngen. Ideal ist zum Beispiel *__Kaffeesatz__*, aber auch anderer *__ökologischer Dünger__*.

3. **Beschneiden**: Um das Wachstum zu fördern, musst Du die Pflanzen beschneiden. Die richtige Stelle ist in der Mitte einer Gabelung. Dort treiben dann neue Blätter aus. Du solltest auf jeden Fall die Pflanze beschneiden, bevor sich Blüten bilden. Sonst steckt die Pflanze alle Kraft in die Blüten, statt in neue Blätter und das geht auf das Aroma!

☺ **Tipp**: **Wenn Du die Pflanzen beschneidest, kannst Du aus den abgeschnittenen Stängeln auch neue Pflanzen ziehen.** Dazu stellst Du die Stängel einfach in ein Glas mit Wasser, bis sich nach ca. zehn Tagen Wurzeln bilden.

Dann kannst Du die kleinen Basilikum-Pflanzen draußen im Blumenkasten einpflanzen.

Die Basilikum-Pflanzen brauchen viel Platz, als Abstand zwischen anderen Pflanzen und sie sind sehr empfindlich in Bezug auf Schädlinge! Speziell im Winter kann es Probleme mit **Trauermücken** geben.

Im 6. Kapitel „Nutzlinge und Schädlinge" geben wir auch Tipps gegen die „Trauermücken"!

☺ **Tipp**: Beim Ernten des Basilikums solltest Du niemals einzelne Blätter, sondern immer **ganze Triebe abschneiden**. Das fördert das Wachstum und auch in den Stängeln steckt viel ___Aroma___.

 Die kleine Natur-Apotheke

Basilikum hilft bei: Entzündungen, hilft gegen Insektenstick-Schwellungen, wenn man ein Blatt darauflegt, es hat viel Vitamin K, Calcium, Eisen und Beta-Carotin.

Basilikum		
Im Beet	*Als Bund / Strauß*	*Die Blüte*

Basilikum

einpflanzen / säen	
Schwere des Gärtnerns	leicht
Beste Balkon-Lage	Süd-Balkon
als Samen und Samen-Abstand	15-20 cm
Temperatur fürs Keimen	mind. 15 Grad, "Licht-Keimer" nicht abdecken
wann den Samen aussähen	Ende April, Fensterbank März
Samen-Keimdauer	3-4 Wochen
als vorgezogene kleine Pflanze	ja möglich
Abstand zwischen den Pflanzen	20 cm
mag andere Pflanzen	Rosmarin, Petersilie, Oregano, Kerbel, Boretsch
mag diese Pflanzen nicht	Tomaten
ist Düngung notwendig	regelmäßig
Dünger-Tipp	Kaffeesatz. Tee-Satz
Pflanz-Gefäße	siehe auch Kapitel 4.1.0
Balkonkasten	gut
Topf, Kübel	gut
sonstiges Gefäß	kl. Balkon-Hochbeet
Rankhilfe notwendig	nein
Wind	windgeschützt
Wasser	feucht, keine Staunässe
Sonne	viel Sonne und Wärme
Pflanz-Zeit	März - Spätsommer
einjährig/zweijährig/mehrjährig	einjährig
im Winter dunkel lagern	entfällt

Basilikum Fortsetzung	
Ernte	
Erntezeit	nur bis zur Blüte
Art der Ernte, wie ernten	Schere, nur bis zum Herz
Ernte der Blätter, Früchte und Knollen	Blätter
wie Verarbeiten	roh, kleingehakt, zum Kochen
Verbrauch sofort	roh sofort essen möglich
Trocknen	schlecht selbst zu machen
Einfrieren	waschen, in Ringe schneiden, dann einfrieren

Rosmarin

Rosmarin kommt ursprünglich aus dem Mittelmeerraum. Es gibt viele verschiedene Sorten, diejenigen, die „kriechen", dann Sorten die Ranken bilden und sich auch in „*Hänge-Ampeln*" pflanzen lassen und schließlich den kleinen **Rosmarin-Strauch**.

Es gibt **weiß** blühende Sorten oder **zartrosa** blühende Sorten. Wie viele andere Kräuter, ist Rosmarin auch eine natürliche Heilpflanze und hilft bei Erschöpfungszuständen, Bluthochdruck und

Verdauungsbeschwerden. Weiterhin hat Rosmarin eine beruhigende Wirkung auf die Nerven.

Die Pflanze wird auch als **Gewürz** zum **Kochen** und zum **Braten** und zur **Aromatisierung** von Parfüms, Seifen und alkoholischen Getränken verwendet.

Man kann sie sehr gut mir anderen Pflanzen gruppieren, wie z.B. mit anderen, **_mediterranen_** Kräutern, wie Salbei, Thymian Lavendel, aber auch mit Möhren, Kohl und auch mit Schnittlauch. Wichtig ist nur, dass Rosmarin genügend eigenen Platz hat und die anderen Pflanzen kein Licht wegnehmen.

Ein **Süd- oder nach Südwesten** ausgerichteter Balkon ist genau der richtige Standort. Sie liebt viel Sonne, aber auch Halbschatten. Rosmarin als ursprüngliche Mittelmeerpflanze mag überhaupt keine Staunässe und darf nur mäßig gegossen und nur mäßig gedüngt werden. Rosmarin ist mehrjährig und kann sogar im Garten oder auf dem Balkon „überwintern".

Leider kann man ihn aus Samen nur sehr schwer ziehen. Vielleicht gehen nur 10-15% der Samen auf! Daher ist es besser einen fertigen und mit einer Pflanze bestückten Topf im Supermarkt oder über beim Gärtner zu kaufen. Die gekauften Pflanzen sollten aber sofort in den Balkonkasten oder einen Terrakottatopf umgepflanzt werden.

Sehr gut geht aber die Vermehrung über **Stecklinge**. Man schneidet einen ca. 10cm langen „Ast" einer Pflanze ab, befreit die unteren Zentimeter des Astes von den Nadeln und stellt sie ca. 2 Wochen in ein durchsichtiges Glas Wasser an einem hellen Ort.

Dann bilden sich richtig viele Wurzeln und Du kannst ihn etwa nach 3 Wochen in Erde pflanzen.

Rosmarin schmeckt sehr gut mit gebratenen Kartoffelstückchen (Rosmarin-Kartoffeln) und passt sehr gut zu gerilltem Fleisch. Einfach einen Zweig Rosmarin mit in die Pfanne zum Fleisch geben und mit braten.

Rosmarin einfrieren: Am einfachsten ist es, die gesäuberten, ganzen Rosmarinzweige einzufrieren. Dazu steckt man diese einfach in einen Gefrierbeutel oder in eine Gefrierbox. Die gefrorenen Nadeln lassen sich später leicht von den Zweigen abbrechen, zerbröseln und zum Würzen einsetzen.

 Die kleine Natur-Apotheke

Rosmarin hilft bei: baut Muskel-Verspannungen ab, wenn man mit Rosmarin Öl massiert, hilft bei rheumatischen Erkrankungen, regelt den Blutdruck.

Rosmarin		
Im Beet	*Als Bund / Strauß*	*Die Blüte*

Rosmarin

einpflanzen / säen	
Schwere des Gärtnerns	**leicht**
Beste Balkon-Lage	**Süd-Balkon**
als Samen und Samen-Abstand	15-20 cm
Temperatur fürs Keimen	mind. 15 Grad, "Licht-Keimer" nicht abdecken
wann den Samen aussähen	Ende April, Fensterbank März
Samen-Keimdauer	3-4 Wochen
als vorgezogene kleine Pflanze	ja möglich
Abstand zwischen den Pflanzen	20 cm
mag andere Pflanzen	Rosmarin, Petersilie, Oregano, Kerbel, Boretsch
mag diese Pflanzen nicht	Tomaten
ist Düngung notwendig	regelmäßig
Dünger-Tipp	Kaffeesatz
Pflanz-Gefäße	siehe auch Kapitel 4.1.0
Balkonkasten	gut
Topf, Kübel	gut
sonstiges Gefäß	kl. Balkon-Hochbeet
Rankhilfe notwendig	nein
Wind	windgeschützt
Wasser	feucht, keine Staunässe
Sonne	viel Sonne und Wärme
Pflanz-Zeit	März - Spätsommer
einjährig/zweijährig/mehrjährig	einjährig
im Winter dunkel lagern	entfällt

Rosmarin Fortsetzung	
Ernte	
Erntezeit	dauernd
Art der Ernte, wie ernten	Schere, nur bis zum Herz
Ernte der Blätter, Früchte und Knollen	Blätter, Nadeln
wie Verarbeiten	roh, kleingehakt, zum Kochen und Braten
Verbrauch sofort	roh kaum möglich, zu hart!
Trocknen	gut möglich, immer ganze Äste
Einfrieren	waschen und ganze "Äste" im Gefrierbeutel einfrieren

Thymian

Von dieser Mittelmeer-Kräuterpflanze gibt es bestimmt über 210 verschiedene Arten. Vom „wilden Thymian". Bergamotte-Thymian, Ingwerthymian, Orangen-Thymian, Sand-Thymian, bis zum Zitronen-Thymian usw. usw. und das sind alles spezielle *Pflanzen-Züchtungen*. Aber der **wirkliche „Star unter den Thymianen"** ist der echte und **ursprüngliche Thymian**!

Das Kraut riecht intensiv und eignet sich u.a. hervorragend zum Würzen von Tomatensauce! Schon im März solltest Du die kleinen Samen auf der Fensterbank drinnen vorkeimen lassen.

Er ist ein „*Licht-Keimer*" und daher brauchen die kleinen Samen keine Bedeckung mit der Blumenerde, leg sie einfach oben auf die Erde und halte sie immer sehr leicht feucht, damit die Samen aufgehen und kleine Keime wachsen. Mit einer Sprühflasche kannst Du ihn immer schön feucht halten. Ende April kannst Du dann die kleinen Pflanzen draußen in Töpfe einpflanzen. Natürlich kannst Du auch fertige kleine Pflanzen kaufen. Die sind aber nur gut, wenn man sie eben nicht im Supermarkt, sondern bei einem Gärtner kauft! Im Anhang haben wir eine Liste von Einkaufsmöglichkeiten ausgearbeitet.

Thymian wächst schnell zu einem kleinen Busch. Er braucht daher viel Platz um sich herum und einen hohen Topf, damit seine lange Pfahlwurzen ausreichen Platz findet. Im Balkonkasten ist es im zu klein, zu wenig Höhe des Gefäßes.

 Die kleine Natur-Apotheke

Thymian hilft bei: Atemwegserkrankungen, Magen- und Darmbeschwerden, lindert Blähungen, ist schleimlösend, antibakteriell, entzündungshemmend.

Thymian		
Im Beet	*Als Bund / Strauß*	*Die Blüte*

Thymian

einpflanzen / säen	
Schwere des Gärtnerns	**leicht**
Beste Balkon-Lage	**Süden / Süd-Westen**
als Samen und Samen-Abstand	15-20 cm
Temperatur fürs Keimen	ca. 18-22 Grad, er ist ein „Licht-Keimer"
wann den Samen aussähen	im März auf Fensterbank
Samen-Keimdauer	ca. 4 Wochen
als vorgezogene kleine Pflanze	ja möglich
Abstand zwischen den Pflanzen	25 cm viel Platz!!!
mag andere Pflanzen	Rosmarin, Oregano, Salbei
mag diese Pflanzen nicht	keine bekannt
ist Düngung notwendig	genügsam, nur 1 x im Jahr
Dünger-Tipp	wenig, ökologischer Dünger
Pflanz-Gefäße	siehe auch Kapitel 4.1.0
Balkonkasten	nicht so gut
Topf, Kübel	sehr gut, hohes Gefäß
sonstiges Gefäß	kl. Balkon-Hochbeet
Rankhilfe notwendig	nein
Wind	windgeschützt
Wasser	wenig gießen, keine Staunässe
Sonne	viel Sonne und Wärme
Pflanz-Zeit	April-Mai
einjährig/zweijährig/mehrjährig	mehrjährig
im Winter dunkel lagern	für Überwinterung

Thymian Fortsetzung	
Ernte	dauernd möglich
Erntezeit	April bis Oktober
Art der Ernte, wie ernten	Schere, nur bis zum Hauptstamm scheiden
Ernte der Blätter, Früchte und Knollen	Blätter und ganze Äste
wie Verarbeiten	roh, kleingehakt, zum Kochen
Verbrauch sofort	Roh essen sofort möglich
Trocknen	waschen und ganze "Äste" trocknen
Einfrieren	Äste im Gefrierbeutel einfrieren

Majoran

Majoran ist als Gewürz- und Heilpflanze bekannt und stammt ursprünglich aus Kleinasien und dem östlichen Mittelmeerraum.

Er ist verwandt mit dem **Oregano**! Aber dennoch gibt es Unterschiede zwischen den Aromen dieser beiden Pflanzen und wer Gewürze und Kräuter mag, der hat sogar beide Pflanzen-Arten in seinem Kräutergarten! Majoran als Küchenkraut wächst auch in unseren Breiten und wird daher ebenso in Mittel- und Osteuropa angebaut. Besonders beliebt ist Majoran als Gewürz für herzhafte

Gerichte wie **Eintöpfe**, Bratkartoffeln oder als Zusatz in **Wurst**. Deshalb nennt man es auch **Wurstkraut** oder **Bratenkräutel**.

Das **aromaintensivste Pflanzenmaterial**, also die Blätter, kannst Du kurz vor oder zu Beginn der Blütenbildung ernten.

Die Blütenbildung kostet die Pflanze sehr viel Kraft, welche dann der Produktion der *__ätherischen Öle__* nicht mehr zur Verfügung steht. Somit nimmt der Gehalt an den geschmackgebenden Stoffen (*__Aromen__*) mit Ausbildung und Wachsen der Blüten ab.

Du erntest das Kraut, indem Du ganze Triebe kurz oberhalb der Erde mit einer Schere abschneidest. Lässt Du einige Zentimeter der Triebe mit Blättern stehen, fördert das den Neuaustrieb und die Verzweigung der Pflanze; das tut ihr wirklich gut!

Will man auf die Blüte nicht verzichten, kann auch nach der Blütezeit geerntet werden. Dann schmeckt aber der Majoran aber leider nicht mehr so intensiv!

Majoran richtig lagern

Wenn Du den Majoran nicht gleich frisch ernten und essen möchtest, dann kannst Du ich auf die folgenden Arten auch für die Winterzeit haltbar machen:

• **Majoran trocknen**
Neben der erntefrischen Verwendung kann Majoran auch getrocknet werden. Beim Trocknen der ganzen Triebe für zwei Wochen an einem trockenen Ort geht zwar etwas *__Aroma__* verloren. Doch sind die anschließend *__gerebelten__* Blätter in luftdicht

verschlossenen Behältern für mehrere Jahre in der Küche verwendbar.

- **Majoran einfrieren**

Die erntefrischen Blätter des Majorans können nach dem Kleinhacken einfach eingefroren werden. Nach Bedarf aus dem Eisfach entnommen, steht der Majoran wie frisch aus dem Garten gepflückte das gesamte Jahr über zur Verfügung.

- **Majoran in Öl einlegen (siehe auch Kapitel 11)**

Die frischen Triebe des Majorans können im Ganzen mit Raps-Öl zum Beispiel in einer Flasche eingelegt werden. Dabei müssen die Triebe ganz von dem Öl umschlossen werden, um Schimmelbildung zu verhindern. Das Öl nimmt so die ***Aromen*** des Majorans auf und kann für ein würziges Salatdressing oder zum geschmackvollen Anbraten verwendet werden.

 Die kleine Natur-Apotheke

Majoran: ist reich an ***ätherischen Ölen*** und Vitamin C Es wird gegen Nervosität, Appetitlosigkeit und bei Magen-Darm-Beschwerden eingesetzt.

Majoran		
Im Beet	*Als Bund / Strauß*	*Die Blüte*

Majoran

einpflanzen / säen	
Schwere des Gärtnerns	leicht
Beste Balkon-Lage	Süden / Süd-Westen
als Samen und Samen-Abstand	15-20 cm
Temperatur fürs Keimen	Licht-Keimer, nur ganz leicht den Samen abdecken
wann den Samen aussähen	im März auf Fensterbank
Samen-Keimdauer	3 Wochen
als vorgezogene kleine Pflanze	ja möglich
Abstand zwischen den Pflanzen	15-20 cm
mag andere Pflanzen	Zwiebelpflanzen
mag diese Pflanzen nicht	nicht bekannt
ist Düngung notwendig	selten notwendig
Dünger-Tipp	wenig Kompost
Pflanz-Gefäße	siehe auch Kapitel 4.1.0
Balkonkasten	gut
Topf, Kübel	geht auch
sonstiges Gefäß	kl. Balkon-Hochbeet
Rankhilfe notwendig	nein
Wind	windgeschützt
Wasser	Samen feucht halten, keine Staunässe
Sonne	viel Sonne und Wärme
Pflanz-Zeit	April - Spätsommer
einjährig/zweijährig/mehrjährig	mehrjährig
im Winter dunkel lagern	Im Topf für Überwinterung

Majoran Fortsetzung	
Ernte	dauernd
Erntezeit	April-Oktober
Art der Ernte, wie ernten	Schere, nur bis zum Herz
Ernte der Blätter, Früchte und Knollen	Blätter
wie Verarbeiten	roh, kleingehakt, zum Kochen
Verbrauch sofort	roh essen sofort möglich
Trocknen	waschen, schneiden, dann trocknen möglich
Einfrieren	im Gefrierbeutel einfrieren

Zitronen-Melisse

Zitronenmelisse ist ein Küchenkraut. Es ist sogar ein vielseitiges Heilkraut, das unterschiedliche Beschwerden lindern kann. Sie ist auch eine nektarreiche „Bienenweide" - **die Insekten werden es Dir danken!**

Wir zeigen Dir, wie Du die Zitronen-Melisse zuhause auf dem Balkon anbaust und wie Du sie rund um das Jahr frisch oder getrocknet nutzen kannst.

Die Zitronen-Melisse kannst Du vielseitig einsetzen. Zum Beispiel als:

- entspannenden **Tee**,
- erfrischenden **Sirup verdünnt mir Wasser** (im Internet findest Du Rezepte, wie man Sirup selber herstellt),
- leckeres und würzendes **Kraut in der Küche**.

Die Pflanze kommt ursprünglich aus dem Mittelmeer-Raum und kann bei guter Pflege und guten Standort bis zu 90cm hoch werden. Ihre Blätter duften herrlich frisch nach Zitrone – daher auch der Name.

Fruchtiger und noch mehr nach Limetten duften hingegen die Blätter der **Kreta-Melisse** Ein besonderer Hingucker ist die Sorte mit dem Beinamen „**Aurea**": Ihre grünen Blätter färben sich ab Mai goldfarben.

Die Pflanzen lassen sich auch aus Samen ziehen. Allerdings brauchen diese meist Temperaturen von mindestens 20 Grad Celsius, damit sie aufgehen.

Am besten ziehst Du die Melissen ab Februar/März auf der Fensterbank vor. Achte darauf, dass Du die Samenkörner nicht mit Blumenerde bedeckst, sondern sie flach aussäst und leicht andrückst. Die Zitronen-Melisse gehört nämlich zu den *__Licht-Keimern__*. Werden sie von zu viel Erde bedeckt, gehen die Samen nur selten oder gar nicht auf.

Ab Mai kannst Du die Jungpflanzen auf den Balkon setzen, sobald kein Bodenfrost mehr zu erwarten ist. In der Regel ist das ab Mitte des Monats, nach den Eisheiligen, der Fall.

Dann gibt es noch eine 3. Art der Vermehrung: Du kannst eine fertige Topfpflanze kaufen. Du nimmst sie aus dem Topf und teilst mit einem scharfen Messer den Wurzelstock, also die Pflanze in mindestens 2 Teile. Jedes Teil wird weiterwachsen und sich vergrößern, wenn Du ihn wieder einpflanzt!

Generell gilt die Zitronen-Melisse als recht pflegeleicht, robust und **wenig anfällig** für Krankheiten und Schädlinge. In den warmen Monaten wächst sie schnell heran, sodass Du im zweiten Jahr bis zu vier Mal ernten kannst.

Von Juni bis August bildet die Pflanze kleine weiße bis hellviolette Blüten aus, die reich an Nektar sind und daher von **Bienen** gern besucht werden.

Leider verlieren die Blätter <u>nach der Blüte</u> ihr tolles *Aroma* und Du musst bis zum nächsten Jahr warten, bis Du wieder ernten kannst.

Neue Pflanzen brauchst Du dafür nicht zu setzen. Zitronen-Melisse ist ausdauernd **winterhart** und treibt im Frühjahr wieder frisch aus. Außerdem bildet sie viele Samen und sät sich schnell selbst aus. Im ersten Jahr kannst Du junge Blätter und Triebspitzen der Melisse im August ernten, im zweiten Jahr bereits ab Mai.

Am **aromatischsten** sind die Blätter vor der Blütezeit, da sie dann am meisten *ätherische Öle* enthalten. Danach schmecken sie leider nicht mehr so gut. Durch Zitronen-Melisse erhalten nicht nur herzhafte Gerichte, Salate, Dips und Soßen eine erfrischende Note, sondern auch Desserts und Süßspeisen, Bowlen, Limonaden und Tee verleiht sie ein zitronen-ähnliches *Aroma*.

Du kannst sie aber auch in einem trockenen und dunklen Keller-Raum überwintern lassen oder einzelne **Blätter einfrierst.**

Keine Sorge: Getrocknet verliert die Melisse zwar schnell an Duft und *Aroma*, die wichtigsten Inhaltsstoffe behält sie aber!

92

Die kleine Natur-Apotheke

Zitronen-Melisse: Schon in der Antike war die Zitronen-Melisse ein beliebtes Heilkraut. Die ***ätherischen Öle*** in dem Kraut wirken:

- beruhigend und angstlösend,
- entkrampfend auf den Darm (gegen Blähungen und Völlegefühl),
- gegen die ersten Anzeichen von Lippenherpes (als hochdosierte Creme).

Somit kann die Zitronen-Melisse gegen verschiedene Beschwerden helfen.

Zitronenmelisse		
Im Beet	*Als Bund / Strauß*	*Die Blüte*

Zitronen-Melisse

einpflanzen / säen	
Schwere des Gärtnerns	leicht
Beste Balkon-Lage	Süden / Süd-Westen
als Samen und Samen-Abstand	15-20 cm
Temperatur fürs Keimen	Licht-Keimer, nur ganz leicht Samen abdecken
wann den Samen aussähen	Ende April, Fensterbank März
Samen-Keimdauer	3-4 Wochen
als vorgezogene kleine Pflanze	ja möglich
Abstand zwischen den Pflanzen	15-20 cm
mag andere Pflanzen	Schnittlauch, Thymian, Rosmarin, Salbei
mag diese Pflanzen nicht	Basilikum
ist Düngung notwendig	braucht keinen Dünger
Dünger-Tipp	entfällt
Pflanz-Gefäße	siehe auch Kapitel 4.1.0
Balkonkasten	gut
Topf, Kübel	geht auch
sonstiges Gefäß	kl. Balkon-Hochbeet
Rankhilfe notwendig	nein
Wind	windgeschützt
Wasser	braucht viel Wasser
Sonne	volle Sonne
Pflanz-Zeit	nach den „Eisheiligen"
einjährig/zweijährig/mehrjährig	mehrjährig
im Winter dunkel lagern	nein

Zitronen-Melisse Fortsetzung	
Ernte	dauernd bis zur Blüte
Erntezeit	März bis Oktober
Art der Ernte, wie ernten	Blätter abschneiden
Ernte der Blätter, Früchte und Knollen	roh, kleingehakt, zum
wie Verarbeiten	kochen, als Tee und Sirup daraus machen
Verbrauch sofort	roh essen sofort möglich
Trocknen	waschen, schneiden, dann möglich
Einfrieren	waschen, schneiden, dann möglich

Pfefferminze

Denn Pfefferminze, auch manchmal nur „Minze" genannt, ist sehr pflegeleicht und kommt mit fast allen Standorten gut zurecht. Hier erfährst Du, wie Du die Pfefferminze am besten pflanzt und pflegst.

Pfefferminze kannst Du **überall** pflanzen: Im Kräutergarten wächst die Pfefferminze genauso gut wie im Balkonkasten oder Blumenkübel. Einmal gepflanzt, wächst das Kraut ohne Unterlass und Du musst aufpassen, dass es nicht die anderen Pflanzen verdrängt. Denn die **langen Wurzeln** breiten sich in der ganzen Erde aus.

Pfefferminze solltest Du an einem Standort pflanzen, der **folgende Kriterien** erfüllt:

- sonnig bis halbschattig,
- etwas feucht,
- sandiger, kalkhaltiger Boden,
- humusreiche (nährstoffreiche) Erde,
- freie Fläche mindestens 15 x 15 cm,
- keine Kamille in unmittelbarer Nähe (die Pflanzen behindern sich einander im Wachstum!).

Beachte, dass die Pfefferminze bis zu **einem Meter hochwachsen** kann. Trotzdem eignet sie sich auch für den Balkon, da Du die Pflanze regelmäßig beschneiden solltest. Am Anfang liegen die **dünnen Pfefferminz-Stängel** auf dem Boden und wachsen dann aufrecht weiter. Erst mit der Zeit bilden sich neue, starke Pflanzenstiele, die auch **große Blätter** hervorbringen.

Der ideale Pflanz-Zeitraum ist von **April bis Juni**: Dann ist es nicht mehr zu kalt für die jungen Pflänzchen und der ganze Sommer steht noch bevor.

Du kannst die Minze auch noch im Juli und August pflanzen, später kann sich die Minze aber dann nicht so gut entwickeln.

Direkt nach dem **Aussähen** solltest Du die Erde gut bewässern und feucht halten. Sie ist zwar **winterhart**.

Dennoch solltest Du Blumenkübel oder den Blumenkasten bei Frost besser ins Haus stellen.

☺ **Tipp**: **Die Wurzeln der Pfefferminze** breiten sich innerhalb weniger Wochen im ganzen Beet aus und verdrängen andere Pflanzen. Eine **Wurzelsperre** ist deshalb sinnvoll oder Du pflanzt die Pfefferminze einfach mit **samt einem Tontopf** ins Beet. So können die wuchernden Pfefferminze-Wurzeln sich nur im begrenzenden Topf bewegen!

 Die kleine Natur-Apotheke

Pfefferminze: Ein Tee aus Pfefferminze schmeckt nicht nur besonders gut, sondern:

- macht munter, beruhigt die Magennerven,
- er hilft Verdauungsbeschwerden,
- die _**ätherischen Öle**_, wie z.B. Menthol, hilft bei Erkältung, fördert die Durchblutung,
- sie kann Spannungskopfschmerzen und Migräne lindern!

Pfefferminze		
Im Beet	*Als Bund / Strauß*	*Die Blüte*

Pfefferminze

	einpflanzen / säen
Schwere des Gärtnerns	**leicht**
Beste Balkon-Lage	**Süden, Osten, Westen**
als Samen und Samen-Abstand	15-20 cm
Temperatur fürs Keimen	über 15 Grad
wann den Samen aussähen	April-Juni
Samen-Keimdauer	3 Wochen
als vorgezogene kleine Pflanze	ja möglich
Abstand zwischen den Pflanzen	15-20 cm
mag andere Pflanzen	Salbei, Rosmarin, Lavendel, Thymian, Zitronenmelisse
mag diese Pflanzen nicht	Kamille
ist Düngung notwendig	selten
Dünger-Tipp	Kompost, Hornspäne
Pflanz-Gefäße	siehe auch Kapitel 4.1.0
Balkonkasten	nicht so gut
Topf, Kübel	sehr gut
sonstiges Gefäß	gut
Rankhilfe notwendig	nein
Wind	windgeschützt
Wasser	Samen feucht, keine Staunässe
Sonne	sonnig bis halbschattig
Pflanz-Zeit	April-Juni
einjährig/zweijährig/mehrjährig	mehrjährig
im Winter dunkel lagern	Im Topf für Überwinterung

Pfefferminze Fortsetzung	
Ernte	dauernd bis zur Blüte
Erntezeit	April- Oktober
Art der Ernte, wie ernten	mit der Schere Blätter oder Äste abschneiden
Ernte der Blätter, Früchte und Knollen	Blätter
Verarbeiten	roh, kleingehakt, zum Kochen. Tee
Verbrauch sofort	roh essen möglich
Trocknen	waschen, schneiden, dann möglich
Einfrieren	waschen, schneiden, dann möglich

Gartenkresse (siehe auch Kapitel 8)

Die leicht anzubauende Brunnenkresse ist äußerst gesund und schmeckt frisch geerntet auf dem Brot oder im Salat am besten.

Sie ist verwandt mit der **Brunnenkresse, Bauch- oder Wasserkresse** (die Brunnenkresse wächst an Bächen und schmeckt leicht sauer, aber auch würzig). Die Gartenkresse ist 14 Tagen nach der Aussaat des Samens soweit gewachsen, dass, man sie schon ernten und essen kann! **Schneller geht es wirklich nicht! Die Gartenkresse hat eine weitere „verwandte Pflanze", die Kapuziner-Kresse, deren große, orangenfarbene Blüten man essen kann (siehe Kapitel 6.2.). Aber hier geht es um die**

„kleine Gartenkresse". Daher empfehlen wir „Gärtner-Anfängern" erst einmal mit der Gartenkresse die Balkon-Bepflanzung zu beginnen. Dafür haben wir auch das eigenes **Kapitel 8** vorgesehen und beschreiben alle Abläufe ganz genau und **Stück-für-Stück"!**

Die einjährige Pflanze stammt ursprünglich aus Vorderasien, ist recht anspruchslos und wird 20 bis 30 cm hoch. Von Juni bis August erscheinen die winzigen weißen Blüten. Gartenkresse ist ein beliebtes Küchengewürz, schmeckt nach Senf und Rettich und kann auf Brote, in Salate, Suppen und in Quark geschnitten werden. Zudem ist sie eine der 7 Zutaten in der leckeren „***Frankfurter Grünen Soße***".

 Die kleine Natur-Apotheke

Gartenkresse: Sie enthält Vitamin C, Jod, Eisen, Vitamine der B-Gruppe, Kalium, Kalzium sowie Eiweiß vor, auch ***Karotin*** und ***Senföl-Glykoside***, die für den würzig-scharfen Geschmack verantwortlich sind. Kresse reguliert den ***Blutzuckerspiegel*** und regelt den ***Blutdruck*** und hilft bei **Husten und Halsschmerzen.**

Gartenkresse		
Im Beet	*Als Bund / Strauß*	*Die Blüte*

100

Gartenkresse

einpflanzen / säen	
Schwere des Gärtnerns	**sehr leicht**
Beste Balkon-Lage	**Süden, Osten, Westen**
als Samen und Samen-Abstand	15-20 cm
Temperatur fürs Keimen	15 bis 20 Grad. Licht-Keiner
wann den Samen aussähen	Feb. Fensterbank, ab Mai draussen
Samen-Keimdauer	2 Wochen
als vorgezogene kleine Pflanze	ja möglich, aber nicht ratsam
Abstand zwischen den Pflanzen	2 cm
mag andere Pflanzen	keine *Mischkultur* notwendig
mag diese Pflanzen nicht	Rucola, Radieschen
ist Düngung notwendig	kaum nötig
Dünger-Tipp	ganz wenig Kompost,
Pflanz-Gefäße	siehe auch Kapitel 4.1.0
Balkonkasten	sehr gut
Topf, Kübel	sehr gut
sonstiges Gefäß	gut
Rankhilfe notwendig	nein
Wind	windgeschützt
Wasser	Samen feucht halten
Sonne	sonnig bis halbschattig
Pflanz-Zeit	April-Juni
einjährig/zweijährig/mehrjährig	einjährig
im Winter dunkel lagern	entfällt

Gartenkresse Fortsetzung	
Krankheiten / Schädlinge	kleine Käfer „Erdflöhe"
Ernte	dauernd
Erntezeit	Schere, nur bis zum Herz
Art der Ernte, wie ernten	Blätter und Stängel
Ernte der Blätter, Früchte und Knollen	roh, kleingehakt, zum Kochen
wie Verarbeiten	roh, kleingehakt, zum Kochen. Tee
Verbrauch sofort	roh sofort möglich
Trocknen	waschen, schneiden, dann möglich
Einfrieren	waschen, schneiden, dann möglich

Der kleine Paul topft den Rosmarin-Busch um!

102

Die allermeisten Obstsorten brauchen deutlich mehr Platz, als am Balkon zur Verfügung steht. Aber inzwischen gibt es einige Obst-Züchtungen, deren **Pflanzen-Arten** sich aber auch für den Anbau von **Obst auf Balkon und Terrasse** eignen.

Die beschreiben wir hier!

Frisches Obst ist einfach lecker! Je kürzer der Weg vom Anbau zu Deinem Teller ist, desto besser: für die **Umwelt** und für den **Geschmack**. Daher kann es sich lohnen, Früchte auf dem Balkon und der Terrasse selbst zu ziehen.

Dafür kannst Du aber miterleben, wie aus einer Blüte ein Apfel, eine Zitrone oder eine Erdbeere entsteht. Und die **Bienen** freuen sich über das zusätzliche Nahrungsangebot.

Erdbeeren

Insbesondere Erdbeeren sind sehr beliebt bei Balkongärtnern. Du kannst Erdbeeren sowohl im Balkonkasten als auch in Töpfen oder Bottichen ziehen. Insgesamt solltest Du immer schon kleine **Erdbeerpflanzen** kaufen und nicht unbedingt dieses Obst aus Samen ziehen wollen, denn das dauert einfach zu lange!

Wenn Du die kleinen Pflanzen in einen Balkonkasten pflanzt, musst Du auf **Abstände** achten, denn die Pflanzen werden ja wachsen und brauchen dann rundherum mehr Platz.

Hier bitte auseinander pflanzen!

Erdbeeren mit Ranken in einer Hänge-Ampel

Vom Rand des Balkonkastens gesehen und zwischen den Pflanzen sotten 8 bis 10 cm Abstand genügen.

Pflanzt Du in einen größeren **Bottich** (ich nehme da immer schwarze runde **Maurerkübel** aus dem Baumarkt). Damit kannst Du einige Pflanzen mehr pflanzen, wenn der Kübel ca. 90 cm Durchmesser hat. Ich denke, da kannst Du sicherlich 6 Pflanzen unterbringen.

Inzwischen gibt es auch **Erdbeer-Sorten, die Hänge-Ranken** bilden und die passen sehr gut in sogenannte „Hänge-Ampeln"!

Kletternde Erdbeer-Pflanzen

Und natürlich gibt es auch **Erdbeer-Sorten, die lange Äste nach <u>oben</u> bilden** und die „klettern können", wenn Du ihnen eine kleine „**Kletter- und Rankhilfe**" bietest. Das ist ein kleines Gestell, das Du in die Erde des Pflanz-Bottichs oder den Topf steckst. **Im Kapitel 4.1.** zeigen wir Dir „Rank-Hilfen"!

Eine Internet-Adresse, wo Du solchen Sorten als kleine vorgezogene Pflanzen kaufen kannst, findest Du am Ende des Buches!

☺ **Pflege-Tipps für alle Erdbeerpflanzen:**

Standort: Sonne bis Halbschatten
Abstand zwischen den kleinen Pflanzen 8-10 cm
Wasserbedarf: gering bis mittel
Pflegeaufwand: gering
Erntezeit: Juli bis September

(je Blüte und Frucht nur einmal zu ernten, im Gegensatz zu Kräutern, die man über das gesamte Jahr ernten kann, weil sie nachwachsen!)

Säulen-Obst (Obst an kleinen Bäumchen)

Seit einigen Jahren gibt es Pflanzen-Züchtungen speziell für kleine Balkone und kleine Terrassen. Der Begriff **Säulen-Obst** bezieht sich auf kleine **Bäumchen**, an denen Fruchte wachsen. Das sind Pflanzen, die man eigentlich nur als Büsche und Bäume kennt, die wirklich viel Platz brauchen. Statt breiten Büschen, sind die **Pflanzen nun schmal und wachsen in die Höhe.**

Das sind nur einige der vielen Sorten!

Säulen-Obst gibt es als:

Säulen-Brombeere	Säulen-Himbeere
Säulen-Apfel	Säulen-Birne
Säulen-Aprikose	Säulenpfirsiche
Säulen-Pflaume	gelbe + rote Stachelbeere
blaue + grüne Kiwis	Säulen-Kirsche
Säulen-Limetten	Säulen-Zitronen

☺ Pflege-Tipps für alle
Säulenobst-Pflanzen:
Standort: Sonne bis Halbschatten
Wuchshöhe bis 250 cm
Wasserbedarf: gering bis mittel
Pflegeaufwand: gering bis mittel
Erntezeit: Juli bis Oktober

Zwerg- oder Mini-Bananen

Zu den **absoluten Exoten** auf unseren Balkonen, gehören die Bananen. Normalerweise wachsen die Bananen, die wir hier kaufen können, weit weg, meist in **Südamerika**.

Aber den Gärtnern ist es gelungen, Mini- oder Zwergbananen zu züchten, die sogar bei uns auf dem Balkon wachsen und auch **kleine Bananen-Früchte** hervorbringen.

Nur aus den Samen dieser Züchtungen kann man kleine Bananen-Bäumchen ziehen und später die leckeren kleinen Früchte ernten.

Leider geht das bei den großen Bananen nicht Diesen großen Bananen, hat man die **Samenkörner weg-gezüchtet** und was Du an kleinen schwarzen Körner in einer Banane findest, sind Reste des ursprünglichen Samens, der aber leider nicht mehr keimt!

Es reicht also **nicht**, eine große Banane in die Erde zu stecken und zu hoffen, dass sie zu einem Bananenbaum wächst! Die großen Bananen vermehren sich also nicht mehr über Samen, sondern über kleine Senker-Pflanzen den neben den großen und aus deren Wurzeln der Erde wachsen. Die kleinen Pflanzen werden dann umgepflanzt und wachsen zu großen Pflanzen, zu Bananen-Stauden, oft in riesigen Plantagen!

Für unsere **Mini- oder Zwerg-Bananen** gibt es aber Samen zu kaufen und die kannst Du säen und wenn Du einen Platz hast mit **viel Sonne** und auch sehr **viel gießt**, dann kann es sein, dass mit ein wenig Glück, aus ca. 10 Samen genau 2 oder 3 keimen und zu einer Pflanze wachsen. **Mini-Bananen benötigen sehr viel Pflege, Wasser und Wärme!**

Du kannst aber schon in einigen ONLINE-SHOPS im Internet, kleine vorgezogene Mini-Bananenpflanzen kaufen oder ein <u>Samen-Pflanz-Set</u> (siehe unten)!

Die Bananenpflanze bleibt klein, wie Du auf dem Foto siehst und die einzelnen Bananen sind ungefähr je Frucht 8 bis 10 cm groß! **<u>Aber wenn alles klappt, kann es so aussehen.</u>** So entstehen aus einen Pflanz-Set mit Samen und Anleitung, kleine **leckere Zwerg-Bananen!**

8.5.1. Wie erntet man Obst beim Balkon-Gärtnern?

Die meisten **Obstfrüchte** (außer bei den Zwerg-Bananen) sollte man immer **MIT DEM STIEL** ernten, also am **Pflanzenstängel** direkt mit einer Schere abschneiden, den kleinen **Stil in der Frucht lassen!**

Wenn Du **mit Stiel** pflückst, dann achte darauf, möglichst wenige Wunden am Stielansatz und am Stängel zu reißen.

Nimmt man den Früchten den Pflanzenstiel, dann trocknen sie schnell aus und sind nicht mehr „knackfrisch"!

Im Kapitel 10 gibt es mehr Hinweise zum Ernten, Weiterverarbeitung und Lagerung.

Bei allen Beeren pflückt Du direkt an der Frucht, ohne Stiel und Stängel, durch leichtes "abdrehen der Früchte" direkt!

Für den Anbau von Obst und Gemüse auf dem Balkon gilt die Grundregel: Je heller und sonniger der Standort ist, desto üppiger die Entwicklung und der Ertrag der Pflanzen und Früchte. Die Grundlagen für die optimale Entwicklung von Obst-Gemüsepflanzen sind ein ausreichend großer Kübel oder Balkonkasten und eine nährstoffreiche Blumenerde und gute Pflege. Manche Gemüsesorten zählen zu den ***starkzehrenden Pflanzen*** und haben einen besonders hohen Nährstoffbedarf. Daher solltest Du Dein Gemüse mit zusätzlichen Nährstoffen in Form von" Dünger" versorgen.

☺ **Pflanz-Tipp:** <u>Vorgezogene Gemüsepflanzen</u> erhältst Du aus regionalem Anbau im „*Landhandel*"! Auch in speziellen Gärtnereien, im Internet in ONLINE-Shops oder auch auf Bauernmärkten findest du Pflanzen. **Einige Einkaufquellen nennen wir Dir im Anhang! Landhandel gibt es nur außerhalb von Großstädten. Es ist also ein super Anlass, dahin mal einen Ausflug zu machen.**

☺ **Ernte-Tipp: Auf die <u>richtige Tageszeit</u> kommt es an**

Weil die verschiedenen Gemüsesorten so unterschiedlich sind, kann man keine allgemeine Aussage zur Reife oder zum Erntezeitpunkt treffen. Generell solltest Du **Gemüse** – im Gegensatz zu Obst, **nicht morgens ernten**: Viele Sorten, wie Salat oder Radieschen, **reichern Nitrat an.** Nitrat kann für den Menschen **ungesund** sein, wird aber im Laufe des Tages durch Licht abgebaut, sodass Du während des Nachmittags und abends alle Gemüsesorten bedenkenlos ernten kannst. **Außerdem ist gegen Ende des Tages der Vitamingehalt am höchsten, das ist dann auch die richtige Erntezeit.**

<u>**Welches Gemüse eignet sich für die Anzucht auf dem Balkon?**</u>

Tomaten	Gurken	Paprika
Chili	Zucchini	Blatt-Salate
grüne Bohnen	Radieschen	Mangold
Zucker-Erbsen	Möhren	Kartoffeln

Tomaten:

Tomaten gehören bestimmt zu den beliebtesten Gemüse-Sorten und dürfen in keinem Balkon-Garten fehlen. Vor allem die schmackhaften Früchte der **kleinen Cocktail-Tomate** werden nicht nur von Kindern aufgrund ihrer natürlichen Süße gerne direkt vom Strauch genascht. Selbst größere **Salat- und Fleischtomaten-Pflanzen** finden im **Kübel** auf Balkon oder der Terrasse ausreichend Platz.

Für alle Tomatenpflanzen gilt: Sie benötigen **viel Sonne, einen regengeschützten Platz und eine gute Bewässerung.** Um **Pilzkrankheiten, wie Kraut- und Braunfäule,** zu vermeiden, solltest Du **nie über die Blätter**, sondern **immer über den Boden gießen.** Weil Tomaten überhaupt **kein Wasser von oben** haben wollen, sollte Dein Balkon **überdacht** sein, also einen Balkon genau darüber haben!

Ansonsten kannst Du die Tomaten in einem Topf oder Kübel direkt an die **Hausmauer des Balkons** stellen. Und wenn immer noch die Gefahr von „Regen von oben" droht, dann braucht Deine Tomatenpflanze eine Abdeckung, bestenfalls sogar einen **Regen-Schirm.**

Tomaten kannst Du säen und auf der Fensterbank im Frühjahr **vorziehen**, oder gleich kleine Pflanzen kaufen. Ich selbst pflanze die Tomaten immer in Töpfe (allein schon wegen der Regengefahr in den Balkonkästen).

Es gibt sehr viele Tomatensorten aber ich empfehle **Minitomaten als Busch- oder Strauch-Pflanzen.** Diese brauchen im Gegensatz zu „normalen Tomaten" **keine Rank- oder Kletterhilfe,** woran sie sich „festhalten" können, wenn sie in die Höhe wachsen und das kann schon eine Höhe von 2 m der Fall sein. **Also greife lieber zu Mini- oder Busch-Tomaten-Pflanzen – das ist von der Gärtnerei her viel einfacher!**

Wann kannst Du die Tomaten ernten:

Die ersten Tomaten sind schon **Ende Juli erntereif!** Bei Busch- Mini- oder Cocktail-Tomaten musst Du die Pflanze beobachten: die Blüten kannst Du gut erkennen. Wenn sie verblüht sind, wachsen kleine Tomaten und die werden bei den oben genannten Sorten, ungefähr 2 cm dick. **Reife Mini-Tomaten** sind erstmal **schön rot**. Wenn die **Schale der Tomaten** nicht mehr hart ist, sondern leicht **eindrückbar**, dann sollte geerntet werden; das ist Ende Juli der Fall! Lässt sich dann auch der **Stielansatz** leicht abbrechen dann ist die **Tomate** auch wirklich **erntereif**.

Aber auch die **grünen, unreifen Tomaten** kannst Du schon ernten. Schneide sie mit Stängel an der Pflanze ab. Dann wickelst Du sie ganz einfach in Zeitungspapier oder legst sie in eine Papiertüte. So verpackt kommen die **Tomaten** in einen möglichst warmen Raum, ideal sind 18 bis 20 Grad. Licht brauchen die **Tomaten** zum Nachreifen nicht. Nach wenigen Tagen sollten die **Tomaten** sich **rot** verfärbt haben. **Die ganze Aktion nennt man „Tomaten nachreifen lassen"!**

Die Tomate   *Die Tomaten-Blüte*   *Busch-Mini-Tomaten*

Gurken, Paprika, Chili und Zucchini

Auch diese oben genannten **3 Gemüsesorten** zählen zu den **wärmebedürftigen** Arten. Um Frostschäden zu vermeiden, sollten sie erst nach **Mitte Mai im Freien gepflanzt** werden.

Bei allen dieser Gemüse-Sorten bietet sich **keine Samen-Anzucht** an und Du kannst besser kleine vorgezogene Pflanzen kaufen! Sie alle benötigen **viel Sonne**, damit die Früchte reif werden und einen vollen Geschmack entwickeln. Also bietet sich ein **Süd-Balkon**, aber auch ein **Ost- oder Westbalkon** zum Balkongärtnern an!

Während **Paprika- und Chilipflanzen** wenig Raum einnehmen, haben **Gurken** und **Zucchini** dagegen als niederliegende Büsche einen **großen hohen Platzbedarf**. Setze also **nicht mehr** als eine Pflanze in einen Kübel, damit sie sich beim Wachsen ausdehnen können!

Wann kannst Du diese Gemüsesorten ernten:

Gurken: Bereits 3 Wochen nach der Blüte reifen die **Gurken. Auf dem Balkon kannst Du sie von Juli bis Oktober ernten.**

Die Gurke   *Die Gurken-Blüte*   *Die Pflanze im Topf*

114

Paprika: Ihre Früchte gibt es in vielen Farben: **in grün, gelb, orange und rot**! Erntezeit ist **Juli bis Oktober**. Die Farbe zeigt den Reifegrad, **grün heißt unreif**. Du kannst sie aber schon grün ernten und essen, denn grüne Paprikas sind keine eigene Sorte, sondern noch unreif und sie schmecken noch leicht bitter.

Erst nach etwa 3 Wochen verfärben sie sich zu ihrer endgültigen Farbe: grüne Paprika werden dann **gelb**, dann **orange** und dann **rot**. Du kannst sie ernten, wenn sie keine **grünen Flecke** mehr haben. Dann schneidest Du sie mit einer Schere und einem kleinen Stängel an der Frucht ab und zwar **morgens**, weil sie da die meisten Nährstoffe haben!

Alle Paprika-Farben   *Die Paprika-Blüte*   *Paprika-Pflanze im Topf*

Chili: Sie ist der Paprika-Pflanze sehr ähnlich. Grüne Chilis verfärben sich zuerst oben, an der Krone, der Spitze der Frucht. Wenn wir ungeduldig werden, schauen wir hier genauer hin. Fangen die Chilis hier an, die **Farbe zu wechseln**, sind sie nach einigen Tagen je nach Sorte ganz **rot, orange oder gelb**.

Du solltest nach dem Farbwechsel **aber noch 5 Tage warten mit dem Ernten, denn dann sind die Chili-Schoten erst richtig durch-gereift** und dann erst abernten!

Erntezeit ist **Juli bis Oktober**.

Scharfe Habaneros-Chilis   Die Chili-Blüte   Pflanzen im Topf

Zucchini: Das ist ein schnell wachsendes, gurkenförmiges Gemüse. Daher kann im Sommer häufig geerntet werden. Bereits 6 bis 8 Wochen nach dem Auspflanzen kannst Du Dich über die **ersten Zucchini** freuen.

Dieses kalorienarme Gemüse kannst Du vom Juni bis zu den ersten Frösten im Herbst ernten.

Die Zucchini   Die Zucchini-Blüte   Die Pflanze im Topf

Blatt-Salate:

Glücklicherweise gibt es auch einige Gemüsearten, die mit **Halbschatten** gut zurechtkommen. **Blatt-Salate mögen die Sonne**, gedeihen aber vor allem im Hochsommer bei mittlerer Sonneneinstrahlung auch auf einem **Ost- oder Westbalkon.**

Wichtig ist eine ausgeglichene **Bodenfeuchtigkeit.** Bewässere sie immer gleichmäßig von **unten –nicht in die Köpfe gießen!**

Salate lassen sich gut aus Samen ziehen! Erkundige Dich im Samenhandel, denn es gibt unter dem Stichwort „Blatt-Salat, den Du auf dem Balkon pflanzen kannst", bestimmt 10 unterschiedliche Sorten, auch in Farbe und Geschmack!

Da sich jeder Salat nur eine kurze Zeit im erntereifen Zustand hält, dann schnell welk wird, solltest Du nur so viel Salat anpflanzen, wie Du in dieser Zeit verbrauchen kannst.

Wann kannst Du Salat ernten:

Die Ernte von Pflück-/Schnittsalat, sowie **Kopfsalat** kann in der Regel 6 bis 8 Wochen nach der Aussaat erfolgen. Die Salatpflanzen sollten nun schon eine Größe von 15 bis 20 cm erreicht haben. **Geerntet werden kann von Mai bis Oktober.**

Ein Salat-Kopf   *Die Salat-Blüte*   *Verschiedene Salat-Sorten*

Grüne Bohnen, Radieschen und Mangold

Auch **diese 3 Gemüse-Arten** kommen im **Halbschatten** gut zurecht.

Grüne Bohnen: kannst Du aus **Samen** von **April bis Juni** ziehen. Bohnen sind Rankpflanzen und bilden Ranken, die gerne klettern wollen. Pflanze in einen Kübel und stecke ein „**Klettergestell**" in die Erde, denn die Bohnen können 2 m nach oben wachsen! Sie benötigen wenig Wasser und sollten nur bei Trockenheit gegossen werden.

Wann kannst Du grüne Bohnen ernten:

Das stellst Du fest, indem Du eine **Bohne** einfach einmal **durchbrichst**: wenn die Bohne glatt durchbricht und die Bruchstelle grün und saftig ist, ist der ideale Zeitpunkt zum Ernten. **Die kugelrunden Bohnen in der Schote sollten nicht größer als 1cm sein.** Pflücke die Schoten/Hülsen, indem Du diese mit den Fingern einfach abknipst. Wenn sie noch jung und klein sind, sind sie geschmackvoller. **Wenn man Buschbohnen regelmäßig aberntet, werden sie angeregt, weitere Blüten zu bilden und damit weitere Früchte zu tragen!** Dadurch reicht die Ente-Zeit sogar von **Juli bis in den Spätherbst hinein.**

Die grünen Bohnen   *Die Bohnen-Blüte*   *Die Pflanze im Topf*

Radieschen:

Eine ausführliche-Anleitung <u>findest</u> Du in Kapitel 9.2.

Wir ziehen Radieschen aus **Samen** auf der Fensterbank vor und pflanzen dann die Pflänzchen in einen Balkonkasten.

<u>Wann kannst Du Radieschen ernten:</u>

Die **ersten Radieschen** ernten kannst Du, je nach Sorte, etwa einen Monat nach Aussaat. Nach 21 bis 28 Tagen solltest Du täglich bei den Pflanzen mit den größten Blättern die Knollengröße kontrollieren. Alle Knollen, die 2 bis 3 Zentimeter umfassen sind **reif.**

<u>Radieschen kannst Du zwischen April und Oktober ernten!</u>

Zum Ernten, solltest Du die Erde um die jeweilige Pflanze lockern; mit einem Löffel oder einer kleinen Schaufel geht das gut. Danach das Loch wieder mit Erde füllen!

Um das **Radieschen zu probieren**, musst Du die Blätter in die eine und die Knolle in die andere Hand nehmen. Dann Blätter drehen und abbrechen. Radieschen mit kaltem Wasser abspülen. Jetzt kommt der **Bisstest**. Wenn sie **knackig scharf** schmecken sind sie reif. Du kannst dann alle anderen, mit gleicher Knollengröße, auch ernten.

Das Radieschen   *Radieschen-Blüte*   *Radieschen im Topf*

Mangold:

Das ist eine Gemüsepflanze, die sehr eng mit der Zuckerrübe verwandt ist. In früheren Zeiten hat man die Mangold-Wurzeln sogar für die Zuckergewinnung ausgekocht.

Du kannst Mangold aus **<u>Samen</u> ziehen, den Du im Februar auf der Fensterbank vorziehst** und im März bis April kannst Du dann die kleinen Pflanzen in einen Topf oder Bottich setzen und auf den Balkon stellen.

Sie hat ca. 30 cm lange Stiele mit Blättern, ähnlich dem Spinat an den Stiel-Enden.

Die Blätter können runzelig oder auch glatt sein. Es werden die Blätter und die Stiele verzehrt, nicht jedoch die Wurzeln.

Mangold ist breit ausladend und den solltest Du **einzeln** in einen mittleren **Kübel** pflanzen!

Wann kannst Du Mangold ernten:

Mangold wird nach einer Wachstumszeit von 80 bis 90 Tagen ab **Juli** erntereif.

Der Mangold   *Die Mangold-Blüte*   *Die Pflanze im Topf*

120

Zuckererbsen, Möhren und Kartoffeln

Auch **Zuckererbsen** und sogar **Möhren** und **Kartoffeln** finden auf einem **halbschattigen Balkon** gute Bedingungen.

Zucker-Erbsen:

Die **Samen** kannst Du schon im **Februar** auf der **Fensterbank** vorziehen. Suche eine Sorte aus, die die nicht so hoch wächst, denn Erbsen sind wie Bohnen richtige „**Kletterpflanzen**, brauchen ein Gestell als **Rank- oder Kletterhilfe** und können auf dem Acker über 3m hoch werden. Für den Balkon hat man Zucker-Erbsen-Sorten gezüchtet, die nur zwischen 50 cm und 2 m groß werden können. Suche also solche **Balkon-fähigen** kleinen Sorten aus, wie diese mit den Namen „**Quarz**" oder „**Sweet Golden**"!

Weil sie keinen Frost vertragen, kannst Du sie erst nach den „*Eisheiligen*" nach draußen pflanzen, d.h. also Ende April bis Anfang Mai.

Wann kannst Du die Zucker-Erbsen ernten:

Wenn Du im April den Samen ausgesät hast, dann kann die Ernte ab Mitte **Juni** stattfinden!

Zucker-Erbsen kannst Du **mit der Hülse** verspeisen, weil diese keine Pergamenthaut besitzt und deshalb sehr zart und knackig schmeckt.

Die Zucker-Erbsen   *Die Zucker-Erbsen-Blüte*   *Die Zucker-Erbsen im Topf*

Möhren/Karotten:

Die Pflanzen ziehe ich immer auf der **Fensterbank** im Frühjahr aus **Samen** vor. Die kleinen Pflanzen setzte ich nach den „**Eisheiligen**", wenn also kein Frost mehr droht, in schwarze Maurerkübel. Möhren/Karotten können in der Erde 30 cm lang werden. Daher setze ich sie **nicht in den Blumenkasten,** sondern einen **Kübel**, der mindestens 50 cm hoch ist! **Zum Ernten** lockerst Du um die Pflanze die Erde auf, mit einem Löffel oder einer kleinen Schaufel. Dann ziehst Du die gesamte Pflanze am grünen Kraut nach oben aus der Erde heraus und füllst danach das entstandene Loch wieder mit Erde!

☺ **Ernte-Tipp: mehrfach Pflanzen aus Samen ziehen, pflanzen und zeitversetzt von Frühjahr bis zum Herbst ernten**

Pfiffige Gärtner **machen mehrfach ihre Karottenaussaat,** so, dass sie von Mai bis in den Winter laufend frisches Wurzelgemüse ernten können. D.h. Du ziehst z.B. alle 6 Wochen aus Samen Keimlinge und setzt die Pflanzen in Deinen Bottich.

Wann kannst Du Möhren ernten:

Frühe Möhrensorten sind etwa 7 Wochen nach der Aussaat erntereif und haben einen Durchmesser von ca. 12 mm. Die Haupternte ist 10 bis 11 Wochen nach der Aussaat. Im April gesäte Karotten können bereits im Juni geerntet werden.

Die Möhren   *Die Möhrenblüte*   *Möhren-Ernte im Bottich*

122

Kartoffeln:

Kartoffeln ziehe ich nicht als Samen, sondern **aus kleinen Pflanz- oder Saatkartoffeln.** Das sind kleine „kuglige Kartoffeln" von ein paar Zentimetern Durchmesser, die ich in einem Bottich mit Erde stecke, so etwa 8-10 tief und decke alles wieder mit Erde ab.

Diese **Mauerer-Bottiche** gibt es in jedem Baumarkt in verschiedenen Größen, und ich bevorzuge **Kübel** oder Töpfe von 50-70 cm Durchmesser und mindestens 30-40cm Höhe.

Ein **sonniges Plätzchen** solltest Du der Pflanze aber schon bieten. Außerdem solltest Du **das Gefäß zunächst nicht komplett, sondern maximal zur Hälfte mit Erde füllen,** damit Du die Kartoffeln später noch mit Erde anhäufeln kannst.

Die ersten Keimlinge an der Pflanzkartoffel

Kartoffeln brauche viel Platz und daher stecke ich in einen Kübel von 50-70 cm 3-4 Pflanzkartoffeln. Pflanzt Du zuviel in den Bottich, wird der Ernte-Ertrag kleiner und weniger ausfallen, als wenn die Pflanzen mehr Platz haben, sich beim Wachsen auszudehnen.

Die ersten Triebe an der Pflanzkartoffel

Wenn die ersten Triebe zu sehen sind, kann man anhäufeln, d.h. noch weitere Erde in den Bottich geben.

Diese **Pflanzkartoffeln** sehen erst einmal aus, wie **Speisekartoffeln**. Aber der Unterschied ist sehr groß, weil sie auf Krankheiten untersucht worden sind, leicht Keimen und einen wesentlich höheren *Ertrag* bringen, als dass der Fall wäre, wenn wir einfach rohe Speisekartoffeln in die Erde stecken würden!

Die Kartoffel-Blüte

Aus der kleine Pflanzkartoffel wächst dann eine komplett neue Kartoffel-Pflanze und die blüht mit kleinen weißen Blüten. Nach der Blüte wachsen dann kleine **Früchte** an der Pflanze, die Du auf alle Fälle **nicht essen darfst**, die sind **giftig** und verursachen zumindest starke Bauschmerzen.

Deine neuen Kartoffeln wachsen als „Wurzelknollen" unter der Pflanze, in der Erde.

Die Kartoffel-Pflanze

Wann kannst Du die Pflanz-Kartoffeln setzen/pflanzen?

Es empfiehlt sich, die **Setzkartoffeln circa vier Wochen vor dem Pflanzen vorkeimen zu lassen.** Das Vorkeimen kann auf der Fensterbank bei circa 15 Grad Celsius erfolgen. **Einfach Pflanzkartoffeln auf ein leicht feuchtes Tuch auf die Fensterbank legen.** Frühkartoffeln mit kleinen Keimlingen können bereits Ende März, späte Sorten bis Anfang Mai gesetzt werden.

Wann kannst Du diese neuen Kartoffeln ernten?

Dies hängt stark von dem Pflanzzeitpunkt und der Reife der jeweiligen Sorte ab. Die **Frühkartoffelernte beginnt bereits im**

Juni. Mittelfrühe Kartoffeln folgen etwa ab Ende August und die späteren Sorten werden bis in den Oktober hinein geerntet.

Die **Kartoffelpflanzen** bekommen zuerst einen leicht gelben Schimmer, dann stirbt die gesamte Pflanze langsam ab. **Jetzt aber nur nicht zu hektisch werden – die Pflanze weiterhin leicht feucht halten!**

Frühestens zwei bis drei Wochen <u>nach dem</u> <u>vollständigen Absterben des Krautes</u>, sind die Knollen schalenfest: Du prüfst die Schalenfestigkeit, indem Du mit dem Daumen kräftig über die Knolle reibst. **Die Schale sollte diesem Druck standhalten!**

Erst dann solltet Ihr mit der Ernte beginnen: beseitigt die verwelkte und vertrocknete Pflanze und durchwühlt die Erde darunter – Ihr werdet dort die jungen und frischen Kartoffeln finden!

Pro Kartoffel-Pflanze kann man mit einem Ernte-Ertrag von 500g bis 1 kg rechnen.

Vorsicht vor dem größten Pflanzen-Schädling, dem <u>Kartoffel-Käfer</u>, siehe auch Kapitel 9!

Die Kartoffel

Die Kartoffel-Blüte

Kartoffel-Pflanze

9. Tiere im Balkongarten

Tiere bestaunen - Was kriecht und fliegt da auf unserem Balkon?

Im Garten aber auch auf dem Balkon gibt es einen kleinen Zoo zu entdecken. Gräbst Du ein wenig mit der Schaufel, findest Du schnell einen **Regenwurm**. Die **Marienkäfer** sitzen auf den Blättern der Gemüsepflanzen, aber auch **der blaue Mistkäfer** und seine **Larven**, ebenso wie **Ohrenkneifer**, der **Kartoffel-Käfer Tausendfüßler, Hummeln** und vielerlei mehr!

☺ **Tipp: Besonders eindrucksvoll kann man diese Tiere beobachten,** wenn man z.B. eine **Lupe** oder eine ***Becherlupe*** und ein weißes Blatt Papier als Unterlage mit auf den Balkon nimmt und damit die kleinen Helfer im Garten studiert und vergrößert eobachtet. Es gibt Beinchen und Punkte zu zählen, und die Anzahl

126

der Ringe des Regenwurms, oder man schaut den emsigen Tierchen einfach nur zu.

Auch beim Balkongärtnern werden wir es mit allerlei Tieren zu tun haben. Wir unterscheiden „**Nützlinge**", das sind die Tiere, die unseren Pflanzen „gut tun". Es gibt aber auch **Schädlinge**, die unseren Pflanzen schaden.

Kennst Du denn alle Tiere, die wir hier im großen Bild zeigen?

Es gibt noch viel, viel mehr, mehr an Schmetterlingsarten, an Käfern, an Spinnen, an Insekten und Vögeln, usw. und **alle Tiere sind wichtig** und alle haben bestimmte und wichtige Aufgaben in der Natur zu „erledigen"!

9.1. Nützlinge

Pflanzen nützen Tieren <u>UND</u> Tiere nützen Pflanzen!

<u>Wie geht das?</u>

Pflanzen brauchen z.B. Insekten, die z.B. den Blüten-Pollen zu anderen Pflanzen bringen und diese damit bestäuben. Die schönen bunten Blüten der Pflanzen zeigen den Insekten auch an, wo sie etwas zum Essen und zum Sammeln finden können. Pflanzen können nur Früchte bilden, wenn die Blüten bestäubt worden sind!

Insekten brauchen blühende Pflanzen, weil sie aus den Blüten **Nektar** (süßen Pflanzensaft) und **Pollen** sammeln und das ist ihre Nahrung! Das gibt ihnen dann auch die Kraft zum Fliegen.

Aus dem Nektar und den Pollen machen die Bienen auch den Honig, mit dem sie dann auch „ihre Kinder" füttern. **Klar mögt Ihr und Eure Eltern den Honig auch gern!**

Eine **einzelne Honigbiene** „produziert" in ihrem Leben ungefähr 2,5 – 3 Gramm **Honig**. Dafür muss sie etwa die dreifache Menge an Nektar sammeln. Für jedes Gramm Nektar benötigt die **Biene** übrigens 20.000 – 50.000 Ausflüge, wobei sie jeweils 50 mg Nektar in ihrer Honigblase abtransportieren kann.

Wie viele Bienen braucht man, um 1 kg Honig zu produzieren?

Ein Bienenvolk besteht durchschnittlich aus 30 000 bis 70 000 Arbeitsbienen, ein Drittel davon sind Sammelbienen. Die anderen pflegen die Brut, die Bienen-Eier und Bienen-Larven. Alle Sammelbienen zusammen können pro Tag etwa 3 bis 5 **Kilogramm Nektar** einsammeln. Ein ganzes Bienenvolk kann es also schaffen, an **einem Tag ein gesamtes Glas Honig** zu erzeugen.

Aber nicht nur Bienen, sondern auch viele andere **Insekten**, aber auch **Vögel**, Kleintiere, wie **Mäuse** und **Eichhörnchen** sorgen dafür, dass sich **Pflanzen** verbreiten, also an oder in anderen Gebieten wachsen können.

Daher nennen wir diese Tiere „Nützlinge!

Aber auch **Regenwürmer sind Nützlinge**, denn sie „graben" die Erde unter den Pflanzen regelmäßig um und sorgen damit für eine Belüftung der Erde und eine Verteilung der Nährstoffe.

Seit Jahren sinkt die Zahl der **Bienen und andere Insekten weltweit**. Grund dafür sind neben *Pestiziden,* auch eine Verkleinerung des natürlichen Lebensraumes für diese Tiere.

Üppige Blumenwiesen werden von einer intensiven und industriellen Landwirtschaft und der Ausbreitung der Städte verdrängt.

Wer auf dem Balkon, der Terrasse oder im Garten bienenfreundliche Pflanzen für die Insekten setzt, kann dieser Entwicklung zumindest ein wenig entgegenwirken. Dabei ist es jedoch nicht egal, welche Pflanzen Du setzt. **Es gibt Samen (siehe unten) mit speziellen Mischungen für Bienen zu kaufen!**

9.1.1.   Welche Pflanzen sind nützlich z.B. für die Insekten

- **Brombeeren** und **Himbeeren**: Nasch-Hecke für Mensch und Biene.
- Mehrjährige **Kräuter**: ideal für Balkon und Terrasse.
- **Apfelbaum-Blüten**, gibt es auch an Mini-Bäumen.
- **Klee**, der auf jeder Wiese wächst.
- Die Buschblume, oder der **Bienenfreund** ist beliebt.
- Und sogenannte **Bienenwiesen**, das sind Wiesen mit ganz vielen blühenden Blumen.

„6-Saat-Eier" für eine bunte Insektenwiese, Tonmineralgemisch, zum Einpflanzen, gefüllt mit lang blühenden Sommerblumen, Vorzucht in der Eierpappe

9.2. Schädlinge

Eine Gruppe unterschiedlichster Krabbeltiere macht Pflanzen im Balkonkasten, in Kübeln und Töpfen das Leben schwer. Die meisten Plagegeister ernähren sich vom **Pflanzensaft**. Andere dreiste Schädlinge **vertilgen Blätter und Blüten**.

Sie sind nicht gut für unsere Pflanzen! Das können aber auch kleine **Schimmel-Pilze** sein, die unsere Pflanzenblätter krankmachen, oder **Fäulnis-Bakterien**, die bei zuviel Wasser in der Erde, die Pflanzenwurzel zum Verfaulen bringen. Oder **Schmetterlingsraupen**, oder **Kartoffel-Käfer**, die die Blätter abfressen.

Ohne oder mit zuwenig Blättern, kann die Pflanze keine *Photosynthese* machen und verhungert, wegen Nährstoff-Mangel und stirbt, geht also ein!

Oder es sind **Blattläuse**, welche die Blätter **anstechen** und **Pflanzensaft** für sich als Nahrung **abzapfen**. Auch davon wird die Pflanze um wichtige Nährstoffe beraubt und kann sterben.

Da im Balkongarten die Pflanzen meist deutlich dichter stehen als sonst üblich, **verbreiten sich Schädlinge besonders rasch**. Es ist daher wichtig, dass Du die Pflanzen täglich beim Gießen auf **Schädlinge kontrollierst**.

Befallene Pflanzen solltest Du möglichst sofort **isolieren**, damit die Schädlinge sich nicht auf die anderen Pflanzen ausbreiten können. Erst wenn Du die Pflanzen wieder gesund gepflegt hast, dürfen sie wieder auf dem Balkon einziehen.

9.2.1. Wie kannst Du Schädlingsbefall erkennen?

Eine Vielzahl gefürchteter Schädlinge sind viel zu klein, um mit bloßem Auge entdeckt zu werden. Erst wenn sich infolge einer explosionsartigen Vermehrung große Mengen der Plagegeister auf Balkonpflanzen tummeln, wird das Problem offensichtlich. Die folgenden *Symptome* weisen schon frühzeitig darauf hin, dass sich Blattläuse und Konsorten eingenistet haben:

- **Einrollende Blattränder** und verkrüppelter Austrieb.
- **Verfärbungen** an Blättern und Trieben.
- Klebriger, schwarzer oder **weißer Belag** auf den Blättern.

9.2.2. Was kannst Du gegen Schädlinge tun?

Schädlinge und natürliche Pflanzenschutzmittel dagegen?

Tiere, die unsere Balkonpflanzen fressen, oder zum Eingehen und Verwelken bringen, **sollten wir vertreiben!** Wir sollten und wollen sie nicht töten, aber wir wollen sie nicht auf unserem Balkon haben.

Dazu benützen wir natürlich keine Chemikalien? Erst einmal schaden diese Chemikalien und Gifte nicht nur der gesamten Natur! Das große **Bienen- und Insekten-Sterben** in den letzten Jahren wurde von **Insektengiften** verursacht. Und wir brauchen doch u.a. die Insekten zur Bestäubung aller Blütenpflanzen!

Und weil wir unsere **Balkonpflanzen doch auch essen wollen**, würden wir unsere Gesundheit mit solchen chemischen Giften gefährden!

Wir wollten die **folgenden Tiere** vertreiben und dazu nutzen wir **natürliche Pflanzenschutzmittel**. Die töten keine Tiere, sondern sind unter anderem **Seifenlösungen aus Neutralseife** oder z.B. aus **Brennnessel-Wasser. Diese Tiere sollten wir vertreiben:**

Blattläuse:

• Oft genügt es schon, die Pflanzen mit **warmem Wasser und einem Spritzer Neutralseife** abzusprühen. Dabei sorgt die Neutralseife dafür, dass das Wasser an den Tieren haften bleibt und sie von der Pflanze herunterfallen. In Deinem elterlichen Haushalt oder in Deiner **Gartenwerkzeug-Kiste** gibt es sicherlich noch eine leere **Sprühflasche**, die Du für diese Arbeit einsetzen und nutzen kannst.

• Noch besser wirkt ein **Auszug aus Brennnesseln** gegen Blattläuse. Im Gegensatz zur Brennnesseljauche stinkt dieser nicht und ist **einfacher zuzubereiten**: Man lässt die Brennnesseln 12 bis 24 Stunden in kaltem Wasser ziehen und gießt das Ganze anschließend durch ein Sieb. Damit besprühst Du Deine Pflanzen.

• **Neem-Öl** (auch Niemöl) ist ein für Mensch und Tier ungiftiges Mittel zur Schädlingsbekämpfung. **Neem-Öl ist ein Pflanzensaft aus dem Neem-Baum, der seine Schädlinge damit auch bekämpft.** Im Handel bekommst Du es entweder in reiner Form zum selbst mischen oder Du kannst es direkt als Fertigprodukt kaufen.

132

- Du kannst auch die Pflanzen **mit _Kieselgur_ bestäuben,** das vertreibt auch die grünen und die roten Blatt-Läuse. **Kieselgur gibt es in der Apotheke und im Bio-Handel.**

- Wenn Du irgendwo kleine **gepunktete Marienkäfer findest, solltest Du sie einsammeln und auf die befallenen Pflanzen setzen, denn Marienkäfer fressen Blattläuse und helfen Dir damit beim Balkon-Gärtnern.**

Spinn-Milben:

- Spinnmilben sind auf eine **trockene Umgebung angewiesen.** Um Trockenheit zu verhindern **wässert** man die Pflanze großzügig und besprüht auch die Blätter mit Wasser (wenn nicht davon ausdrücklich abgeraten wird; das gibt es bei einigen Pflanzen!

- Auch hier hilft **Sprühen mit warmem Wasser,** dem neben der **Neutralseife** auch ein **Schluck Milch** (z.B. ein Schnapsglas voll Milch auf einen ½ Liter Wasser) beigegeben wurde.

- Bei stärkerem Befall helfen auch **Neem-Öl-Produkte**

Erdflöhe:

- Erdflöhe mögen es trocken. Einem Befall kann man deshalb auch hier mit großzügigem **Gießen und Besprühen** entgegenwirken. Auf dem Balkon

133

kann man mithilfe von **_Mulch_** dafür sorgen, dass die Pflanzenbehälter nicht zu sehr austrocknen.

- Auch **Tee aus der „Reinfarn-Pflanze" oder Neem-Öl-Produkte** helfen gegen die Schädlinge.

- Eine **Jauche** oder ein **Tee** aus **Zwiebeln und Knoblauch** wehrt Erdflöhe auf natürliche Weise ab; einfach auf die betroffenen Pflanzen von oben besprühen.

Kohlweißlinge:

- Die **Raupen** dieses Schmetterlings fressen die Blätter unserer Balkonpflanzen an. Auf kleinen überschaubaren Anbauflächen – wie z.B. dem Balkon – ist ein **Gemüsenetz** das beste Mittel zur Abwehr. Man kann die Gelege auch per Hand zerdrücken oder die **Raupen absammeln**.

- Im Garten überlässt man diese Arbeit besser den **Vögeln** und bietet ihnen dafür Vogelhäuser an.

- Aus den **Seitentrieben der Tomatenpflanzen** kann man eine Brühe zum Einsprühen produzieren.

Kartoffel-Käfer:

Diesen Käfer und seine Larven musst Du von den Blättern der Kartoffelpflanze unbedingt absammeln.

134

Schnecken:

Schnecken sind nicht nur im Garten ein Problem! Ohne weiteres schaffen sie es auch auf den Balkon – und lassen sich meist mehr als einen Salatkopf schmecken. Das betrifft **Nacktschnecken** (das sind die ohne Schneckenhaus) und auch **Schnecken mit Häusern**!

Hier hilft am besten: Fallen auslegen und absammeln.

- Dazu legt man ein Brettchen oder einen **Karton** aus, befeuchtet den Boden darunter und gibt etwas **Katzenfutter** oder eine **Kartoffelscheibe** als Lockmittel dazu. Ein paar Stunden später kann man die Übeltäter absammeln.

- Du kannst auch **Kaffeepulver** (frisch oder gebraucht ist egal!) auf der Blumenerde ausstreuen.

- Oder Du besprühst die Pflanze mit ***Lebermoos-Extrakt***. Das ist der Pflanzensaft der Lebermoospflanze, die sich damit auch gegen Schädlinge schützt. Lebermoos-Extrakt gibt es in der **Apotheke**, aber auch in einigen ONLINE-Shops im Internet, z.B. bei „**Fa. Spinnrad**".

Schildläuse:

Entdeckst Du an Deiner **Balkon-Pflanze** „Zuckersaft-Spritzer", können auch Schildläuse die Verursacher sein. Schildläuse können rasch auf andere

Die Schildläuse verstecken sich hinter einen harten "Schild", die man hier sieht

Pflanzen übergehen und für viel Zerstörung sorgen.

Zumeist ist es nicht schwierig, einen Schildlaus-Befall bei Deinen Pflanzen zu erkennen. Leider sind die Schädlinge nicht von Anfang an gut und deutlich sichtbar, sodass häufig bereits ein Schaden entstanden ist, bevor die Pflanze Anzeichen eines Befalls zeigt.

Achte auf Hinweise darauf, dass die **Blätter auf der Blattoberseite klebrig sind** oder ein **weißlicher Belag** entsteht. Dieser klebrige Stoff ist der "**Honig**" **der Schildläuse.**

Durch diesen **Honig** werden beispielsweise auch **Ameisen** angezogen, weshalb ein **Auftreten** von ihnen ein weiteres Anzeichen für das Vorhandensein von Schildläusen ist. Weitere Hinweise können **verkrustete Triebe, deformierte Blüten und Blätter** sowie **Verfärbungen** oder **Verlust** von Blättern sein.

Das kannst Du gegen Schildläuse tun:

- Schildläuse lassen sich gut mit Hausmitteln wie **Öl, Spülmittel, Knoblauch** oder **Milch** bekämpfen. **Wie man ein solches Sprühmittel mixt, haben wir schon bei anderen Schädlingsbeschreibungen beschrieben.**

- Nützlinge wie **Schlupfwespen,** (gibt's bei Amazon) **Marienkäfer** oder **Schwebfliegen** sind gute Helfer im Kampf gegen Schildläuse.

Schmierläuse/Wollläuse:

Die Schmierläuse, auch Wollläuse genannt, gehören zur Familie der Schildläuse. Der Namen erklärt sich durch ihre oft wollige und bei Kontakt **schmierende Behaarung**. Erwachsene Wollläuse und auch ihre Nachkommen schwächen die Pflanzen durch Saugtätigkeiten an Blättern, Stängeln und Wurzeln.

- Bei einem Befall mit Wollläusen solltest Du die betroffenen Pflanzen umgehend isolieren und von kranken Pflanzenteilen befreien. Die „*Quarantäne-Station*" sollte dabei möglichst hell und kühl sein.

- Ist dies geschehen, bietet sich als Bekämpfungsmethode eine *Mixtur* aus fünfzehn Millilitern **Spiritus**, einem Liter **Wasser** und fünfzehn Millilitern **Kernseife** oder **Paraffinöl** an. Die Mixtur wird auf die kranke Pflanze gesprüht. **Wiederhole** diese Anwendung in einem Abstand von zwei bis drei Tagen!

- Befinden sich die Schädlinge an den **Wurzeln** der Pflanze, solltest Du diese umgehend **umtopfen**. Befreie auch die Wurzeln sorgfältig von der alten Blumenerde. Damit sich die Wollläuse nicht weiter ausbreiten können, solltest Du die Reste der Erde im Biomüll und nicht auf dem Kompost entsorgen. Anschließend musst

Du die Wurzeln mit einem scharfen Wasserstrahl abspülen. Desinfiziere/besprühe dann das Pflanzgefäß mit Alkohol oder verwende ein neues. Nun kannst Du die Pflanze in frischer Blumenerde eintopfen und angießen.

- Um sicher zu gehen, dass sich im neuen **_Substrat_** keine Keime, Viren oder Insektengelege befinden, kannst Du die Erde vor dem Umtopfen für circa zwanzig Minuten bei **200 Grad in den Backofen** stellen.

- Auch Nützlinge, wie die Larven der **Florfliege**, der **australische Marienkäfer** oder auch **Schlupfwespen** helfen bei einem Befall mit Wollläusen. **Florfliegen** machen sich beispielsweise innerhalb von vierzehn Tagen über die Schmierläuse her, dennoch werden **selten alle Exemplare vernichtet**. Daher ist eine Wiederholung der Anwendung sinnvoll.

- Stelle verdünnten Honig als **Nahrungsquelle** für die Florfliege auf, so schlüpft mit etwas Glück eine Folgegeneration der nützlichen Schädlingsbekämpfer. Der **australische Marienkäfer** wird ab zwanzig Grad Celsius eingesetzt. **Das Einsatzgebiet beschränkt sich jedoch auf geschlossene Räume.** Die Weibchen der Nützlinge legen ihre Eier inmitten der Schmierlaus-Kolonien ab. Da Marienkäfer zum Überleben **Trinkwasser** benötigen, ist es wichtig, die Pflanzen regelmäßig mit **kalkfreiem Wasser zu besprühen.**

Weiße Fliege:

Die Weiße Fliege ist nur etwa 2 bis 3 Millimeter groß. Die Tiere saugen am Pflanzgewebe und scheiden dabei **Honigtau** aus. Die idealen Lebensbedin-  gungen für die Weiße Fliege sind eine Temperatur von über 23 Grad Celsius und eine hohe Luftfeuchtigkeit.

*   Die **Larven** sind viel schädlicher als die Fliege selbst. Eine Möglichkeit der Bekämpfung ist der Einsatz von **natürlichen Feinden**. Dazu gehören **Raubwanz-Arten** und die **Schlupfwespen**.

*   **Mixturen** auf Basis von Rapsöl, Kaliseife oder auch Neem-Öl-Präparate kannst Du gegen die weißen Fliegen auf die befallenen Blätter sprühen.

*   Auch die **klebrigen Gelbsticker** kannst Du gegen weiße Fliegen einsetzen!

Kleine Fliegen in der Blumenerde:

*   Diese kleinen Fliegen in der Blumenerde sind im Regelfall **Obst-Fliegen und Trauermücken**. Sie kommen bei uns auch draußen vor, werden aber erst im Haus zu einer nervigen Plage.

Die Dicken sind Obstfliegen, die anderen sind Trauermücken

- Die Obst- oder Trauermücken legen ihre **Eier in die Erde.**
  Die daraus schlüpfenden Larven ernähren sich dann von Wurzeln. In geringer Anzahl sind die kleinen Fliegen unproblematisch. Zu viele davon können Deinen Pflanzen jedoch schaden.

Wenn Du im Sommer Deine Pflanzen hinausstellst, können sich die Fliegen unter Umständen im Topf einnisten. **Doch auch schlechte Erde aus dem Baumarkt ist nicht immer mückenfrei.**
Was kannst Du tun:

Die Mücken kleben an der Gelbtafel

- **Gelbtafeln** in der Nähe der befallenen Pflanzen aufstellen. Sie sind auf beiden Seiten mit einem **Klebemittel** versehen. Die Trauermücken werden von der Farbe angelockt, fliegen die Gelbtafel an und bleiben daran kleben. **Gelbtafeln gibt es in Gartengeschäften und manchen Drogerien.**

- Stecke **Streichhölzer** mit dem Kopf voran in die Erde. Der Schwefel wird die lästigen Mücken vertreiben.

- Sinnvoll ist zusätzlich ein Gemisch aus **Fruchtsaft, Essig, Wasser** und **Spülmittel**, das die kleinen Fliegen anlockt. Statt Essig und Fruchtsaft kannst Du auch **Brandwein-Essig** nehmen. Einfach einen Fingerhut voll Brandweis-Essig, in eine **kleine Schale** schütten, dazu ½ Glas Leitungswasser und 3 Spritzer Geschirrspülmittel.

- Wenn gar nichts mehr hilft, sind **_Nematoden_** die letzte Lösung: Dies sind Nützlinge, die alle **Eier** der Trauermücken

140

(und anderer Fliegen) auffressen und nach kurzer Zeit selbst absterben. Für Menschen, Haustiere und die Pflanze sind die ungefährlich.

- Obst- und Trauermücken mögen es gern feucht. Gieße also Deine Pflanzen deshalb, wenn möglich etwas sparsamer und vermeide Staunässe.

- Auch das Bestreuen der Blumen-Erde mit Sand hilft. Streue eine Schicht *Quarzsand* (oder Vogelsand) in den Blumentopf. Diese sollte mindestens ein bis zwei Zentimeter hoch sein und möglichst trocken gehalten werden. Anstatt Quarzsand kannst Du hier auch *Kaffeesud oder Kaffeesatz* verwenden.

- **Decke die Blumenerde so ab**, so dass keine Mücken mehr dorthin gelangen können. Dadurch können sich die kleinen Fliegen nicht mehr vermehren und sterben langsam aus. Zum Verschließen oder Abdecken des Blumentopfes eignet sich beispielsweise ein **Nylon-Damen-Strumpf**.

- Wenn Du **Deine Pflanzen umtopfst**, bist Du die Mücken sehr schnell los. Du solltest aber darauf achten, dass Du die gesamte Erde entfernst. Wasche am besten auch die Wurzeln der Pflanze ab. **Beachte aber, dass der Austausch der gesamten Blumenerde für die Pflanze nicht sonderlich gut ist!**

9.2.3. Wohin mit den abgesammelten Schädlingen?

Larven, Raupen und Schnecken sollten wir nach dem Absammeln nicht töten, sondern in einem großen Schraubglas sammeln und bei nächsten Spaziergang, weit weg von eurem Balkon, aussetzen – **die werden einfach umgesiedelt!**

10. Zwei einfache Pflanzbeispiele für Anfänger

Es gibt **einfache** Beispiele für Balkon-Gärtner und **komplizier-tere** für Fortgeschrittene. **Wir empfehlen, mit den folgenden beiden und <u>sehr einfachen Pflanz-Projekten</u> zu starten!**

10.1. Kresse

Die **Gartenkresse**, auch einfach Kresse genannt, gehört mit zu den beliebtesten Küchenkräutern und die wollen wir heute pflanzen. **Was benötigst Du dazu?**

- **Kresse-Samen:**

Kleine Tütchen mit Gartenkresse-Samen gibt es ganzjährig im Gartencenter, häufig auch in Supermärkten. In der Regel reicht der Inhalt für viele Kresse-Töpfe. Wenn man mehrere Tütchen kauft, dann kann man wahrscheinlich das ganze Jahr über Kresse ernten.

- **Pflanzgefäß**

Dafür eignet sich alles, was einigermaßen wasserfest ist: Untertassen, kleine Teller oder flache Plastikschüsseln, aber auch ausgespülte Joghurtbecher, Einweckgläser, kleine Blumentöpfe etc.

- **Wasser-Sprühflasche**

- **Papierunterlage**

142

Watte, unbedruckte Paper-Küchentücher, Papiertaschentücher oder Watte-Pads eignet sich am besten, weil sie die Feuchtigkeit lange speichern. Es geht aber auch weiches, saugfähiges Papier.

- **Durchsichtige Frischhalte-Folie oder einen durchsichtigen Plastikbeutel**

- **Fensterplatz /Fensterbank**

Einen Platz mit Tageslicht in der Wohnung, nicht zu heiß und nicht zu kühl: Bei hohen Temperaturen gedeiht Kresse schneller, aber die Gefahr ist höher, dass die feuchten Keimlinge schimmeln. Temperaturen zwischen 18 und 24 Grad sind ideal, zum Beispiel auf der Fensterbank oder im Balkonkasten.

- **Blumenkasten und Erde**

10.1.1.   So ziehst Du Kresse-Pflanzen aus Samen

Die Kresse gehört mit zu den beliebtesten Küchenkräutern und die wollen wir heute pflanzen.

- Schon im März kannst Du auf der Fensterbank Kresse aus Kresse-Samen ziehen.
- Den Samen bekommst Du in fast jedem Gärtnerladen, der mehr als Blumen hat!

Kresse-Samen-Körner

- Du brauchst nun einen Behälter, eine kleine Schüssel oder eine Schale mit ungefähr 5 cm hohem Rand.

Kresse auf Papier mit Folie

- In die Schüssel legst Du ein gefaltetes weißes Küchenpapier von der Rolle, so dass es 2-lagig am Boden der Schüssel liegt. Statt Küchenpapier kannst Du auch „runde Wattepads" von Deiner Mutti legen, so dass der Boden total bedeckt ist.
- Jetzt besprühst Du den Boden der Schüssel (und auch das Küchenpapier oder die Wattepads) mit Leitungswasser, so dass das Wasser ca. 5mm über der Bodenabdeckung steht.

Immer besprühen - feucht halten

- Jetzt verteilst Du die kleine Kresse-Samenkörner einigermaßen gleichmäßig auf dem feuchten Küchenpapier. Kresse-Samen brauchen einen saugfähigen Untergrund und täglich frisches Wasser, um zu keimen.
- Wenn Du jetzt noch eine durchsichtige Haushaltsfolie oder eine durchsichtige Plastiktüte über die Schüssel stülpst, dann hast Du eigentlich schon ein kleines **Gewächshaus**, denn die Frühjahrssonne entwickelt unter der Folie schon höhere Temperaturen. Blumenerde oder Dünger sind also nicht nötig.
- Dann stellst Du Dein Mini-Gewächshaus innen auf die Fensterbank.
- Jetzt musst Du jeden Tag schauen, ob in der Schüssel mit dem Kresse Samen schon etwas passiert.

144

- Achte bitte darauf, dass Du das Küchenpapier immer wieder feucht machst. Das geht am besten mit einer mit Wasser gefüllten Sprühflasche – also: Folie (oder Plastikbeutel) von der Schale wegnahmen, ein paar gute Spritzer Wasser auf die Samen und das Küchenpapier reinsprühen. Dann Folie wieder draufmachen (oder den Plastikbeutel) und wieder auf die Fensterbank und in die Sonne stellen.

- Schon 1-2 Tage nach der Aussaat zeigen sich die kleinen weißen Keimlinge an den Kresse-Samen, einen oder zwei Tage danach bilden sich die ersten Pflänzchen. Kleine Gärtner können der Kresse praktisch beim Wachsen zuschauen. Das ist für Euch spannender, als Töpfe mit Blumenerde zu beobachten.

Der Samen keimt schon mit kleinen Sprossen an jedem Samen

- Wenn die kleinen Sprosse jeweils 2 Blätter bilden und kleine Stängel, dann sieht das im Euren Mini-Gewächshaus wie ein kleiner „Kresse-Wald" aus.

Das sind Kresse-Pflanzen

- Jetzt ist der Zeitpunkt gekommen, den kleinen „Kresse-Wald" in einen Blumenkasten oder einen Topf mit Blumenerde zu pflanzen. Stellt den Wald einfach auf die Blumenerde und gießt oder sprüht nochmal

Diesen "Wald" setzt Du in einen Blumenkasten mit Erde

Wasser auf die Pflanzen – die kleinen Wurzeln finden ganz einfach selbst die Erde unter ihnen und die Wurzeln wachsen in die Blumenkastenerde.

Fertig - Eure Kresse-Anpflanzung ist perfekt

- Jetzt jeden Tag beobachten und ein wenig feucht halten. Jeden Tag besprüht Ihr Wasser mit einer Sprühflasche auf die Pflanzen. Bitte nur keinen „scharfen" sondern einen „weichen Strahl", eher einen Sprüh-Nebel!
- Und wenn die Kresse-Stängel nach ungefähr einer Woche ca. 5cm groß sind, könnt Ihr schon **ernten**. Mit der **Schere** schneidet Ihr die Pflänzchen ab, lasst aber unten immer 2cm der Stängel stehen.

Du erntest Deine Kresse mit einer Schere

Jetzt wächst Eure Kresse immer wieder nach und Ihr könnt bis in den Herbst hinaus ernten!

Selbst gepflanzte und geerntete Kräuter, mögt Ihr lieber probieren, die Ihr Grünzeug normalerweise verschmäht! Vom Säen über das tägliche Wässern bis zur Ernte mit der Schere könnt Ihr alles selber machen und Eure Eltern begeistern – toll!

Gartenkresse enthält sehr viel Vitamin C, Kalzium, Eisen und Folsäure.

Insbesondere in der kalten Jahreszeit bietet das frische, leicht pfeffrige Kraut einen zusätzlichen Vitaminschub und etwas Abwechslung auf dem Essenstisch.

10.1.2. Fertige Kresse-Pflanze kaufen und einpflanzen

Du kannst natürlich auch im Supermarkt ein kleines Schälchen mit ernte-fertigen Kresse-Pflanzen kaufen und diese dann auch in einen mit Blumenerde gefüllten Blumenkasten oder Topf pflanzen. Das ist aber nicht so spannend, wie der Ablauf, den wir oben beschrieben haben, wo Du vom **Samen bis zur fertigen Pflanze** die gesamte Entwicklung beobachten kannst.

10.2. Radieschen

Radieschen sind ein einfach zu ziehendes und rasch wachsendes Gemüse, bei dem Du auch als Balkongärtner-Anfänger schnell Erfolge sehen und dann auch schmecken kannst!

Radieschen wachsen schnell, so dass von der Aussaat bis zur Ernte nur 4 bis 6 Wochen vergehen.

Wir zeigen Dir hier, wie Du **Samen auf der Fensterbank** vorziehst, zum Keimen und zum Wachsen bringst und dann die kleinen **Pflanzen nach draußen** bringst und in den Balkonkasten einpflanzt.

10.2.1. Was brauchst Du zum Radieschen anpflanzen?

* **Radieschen-Samen:**

Kleine Tütchen mit Radieschen-Samen gibt es ganzjährig im Gartencenter, häufig auch in Supermärkten. In der Regel reicht der Inhalt für viele Radieschen-Töpfe. Wenn Du mehrere Tütchen kaufst, dann kannst Du wahrscheinlich das ganze Jahr über Radieschen ernten.

- **Eierpappen und leere Eierschalen als Pflanzgefäße.** Zum Keimen des Samens benutzen wir Eierpappen (in denen die Eier verpackt waren) und auch leere Eierschalen.

- **Blumenerde**

- **Durchsichtige Frischhalte-Folie oder einen durchsichtigen Plastikbeutel**

10.2.2.   So ziehst Du Radieschen-Pflanzen aus Samen

Die Eierpappen benutzen wir nur als „Ständer". Die Eierschalen müsst Ihr beim Kochen oder Backen abzweigen. Also wenn Ihr oder Eure Eltern Eier aufschlagen, müsst Ihr jeweils die beiden Eierschalen-Hälften sammeln.

- In den Eierschalen ist oft rundherum noch ein **kleines, weißes Häutchen „kleben".** Das müsst Ihr **herauslösen,** mit einem Messer oder einer Gabelspitze. Dann die Eierschalen mit Wasser vorsichtig auswaschen.

Das kleine, weiße Häutchen
muss raus

148

- Jetzt bohrt Ihr auf die untere Seite jeder Eierschalen-Hälfte mit einer Häkel- oder Stricknadel ein kleines Loch, vielleicht von ca. 2mm, denn das brauchen wir später als Wasser-Ablauf.

- Jetzt setzt Ihr je eine Eierschale in die Eierpappen in „jedes Loch" eine, mit der großen Öffnung nach oben. Und füllt jede Eierschale, am besten mit einem Esslöffel mit Blumenerde bis ungefähr 1cm unter dem oberen Rand.

- Von den Radieschen-Samen steckt Ihr jeweils 3 Samenkörner in die Erde, so dass sie leicht von der Erde bedeckt sind. 3 Samenkörner, denn manchmal keimen nicht alle Körner.

- Weil die Samen zum Keimen Feuchtigkeit brauchen, werden sie jetzt gegossen. Mit einem Esslöffel aus der Küche schüttet Ihr in jede Eierschale 1 Esslöffel Wasser.

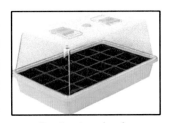

Das ist ein gekauftes Anzucht-Gewächshäuschen

Jetzt ist die Pflanzung fast schon perfekt!

- Dann zieht Ihr durchsichtige Folie oder einen durchsichtigen Plastik-beutel über die besamten Eier-Pappen und das Mini-Gewächshaus ist damit fertig. Ihr könnt auch ein „Zelt" bauen, so wie auf dem Foto, weil die Pflanzen nach oben Platz brauchen!
Natürlich gibt es auch fertige An-zug-Häuser (siehe oben), aber wir machen das alles selbst!

- Jetzt stellt Ihr das Ganze in der Wohnung auf eine sonnige Fens-terbank.

- Jeden Tag nehmt Ihr die Folie hoch und sprüht Wasser mit einer Sprüh-flasche auf die kleinen Pflanzbehäl-ter. Bitte nur keinen „scharfen Strahl"!

Eigentlich ist das zu eng im Blumenkasten gepflanzt!

- Wenn die Samen keimen, und kleine Pflanzen wachsen, solltet Ihr abwarten, bis sie ungefähr 3 cm groß sind. Dann nehmt Ihr die Ei-erschalen, die kleinen Pflanzbe-hälter aus den Eierpappen heraus und setzt sie draußen in den mit

Wenn die Pflanzen zu eng stehen, müsst Ihr sie wieder auseinander-pflanzen!

Blumenerde gefüllten **Balkonkasten**. Alle 10 cm macht Ihr ein kleines Loch in die Erde, setzt jeweils eine Eierschale mit Pflanze in den Kasten, denn wenn sie wächst braucht sie Platz

150

für die Früchte. Bei Einsetzen **zerbrecht** Ihr durch leichten Druck die **Eierschalen**. Wenn die Pflanze wächst, erledigt sie den Rest selbst und schafft sich selber Platz für die wachsenden Wurzeln.

- Setzt die kleinen Pflanzen nicht zu eng. Beim Wachsen brauchen sie Platz – so etwa 8 bis 10 cm zwischen den Pflanzen!
- Radieschen wachsen schnell, so dass von der Aussaat bis zur Ernte nur 4 bis 6 Wochen vergehen, wenn sie noch klein sind und einen Durchmesser von 2 bis 3 cm (siehe Foto) haben. **So haben sie den besten Geschmack!**

Wird zu spät geerntet, verholzt die Knolle und der Geschmack leidet darunter. Lockere die Erde seitlich etwas auf, mit einem Löffel oder einer kleinen Schaufel, und ziehe die Radieschen am Laub vorsichtig nach oben aus der Erde.

Das ist eine leckere Ernte aus EINER gut gepflegten Pflanze!

Wir empfehlen Dir zunächst die großen Exemplare zu ernten, und die kleineren weiterwachsen zu lassen.

Radieschen lassen sich daher fast die ganze Saison über bis in den September aussäen!

☺ **Tipps:** Wenn die Radieschen zu dicht stehen, können sie ihre Knollen nicht ausbilden. Entferne dann nach der Keimung alle schwächeren Pflänzchen, die dichter als 5 cm zu ihrem Nachbarn stehen – die Kräftigsten können bleiben!

151

10.2.3. Fertige Radieschen-Pflänzchen kaufen

Natürlich kannst Du auch kleine Radieschen-Pflanzen als Stecklinge kaufen und mit genügend Abstand in den Balkonkasten umpflanzen.

Aber Pflanzen direkt aus Samen ziehen und beobachten bis zum Ernte der Früchte, macht einfach mehr Spaß!

11. Das Ernten im Balkongarten

Wir zeigen Dir hier gleich noch, was Du nach dem Ernten mit den Radieschen machen kannst!

11.1. Wie solltest Du ernten/pflücken

In Deinem Balkongarten kannst Du im Laufe eines Jahrs bei vielen Pflanzen immer wieder „ernten"; speziell bei den Kräutern.

Dazu musst Du bei allen Pflanzen in ganz bestimmter Weise ernten, oder abernten!

Kräuter schneidest Du mit einer Schere ab und lässt immer 2cm bis 3cm der Stängel unten stehen. Dort wachsen die Pflanzen wieder weiter, solange bis Du wieder erntest.

Viele Pflanzen mögen das und das spornt sie an, wieder zu wachsen, Lasse das „Herz" der Kräuterpflanze aber ganz unberührt und schneide dort nichts weg. **Das „Herz" ist von oben gesehen, die Mitte der Pflanze.** Kleinschneiden von Schnittlauch z.B. kannst Du auch mit einer Schere machen!

Obst-und auch Gemüse-Früchte schneidest Du mit der Schere am Stängel ab und lässt den Stil an der Frucht. Wenn Du aber die Frucht „abdrehst" und der Stiel bleibt an der Pflanze, dann verliert die Frucht Feuchtigkeit und vertrocknet schneller.

Wenn Du jedoch **mit Stiel** pflückst, dann achte darauf, möglichst wenige Wunden am Stielansatz oder am Stängel zu reißen.

Bei **Salat-Pflanzen** schneidest Du die Blätter mit einem Messer oder der Schere ab, lässt aber unten an der Salat-Pflanze immer 2-3 cm stehen.

11.2. Gleich essen

Das Ernten im Balkongarten macht immer am meisten Spaß und das sofortige Essen noch mal mehr!

Wenn Du Früchte aus der Erde holst, wie z.B. bei Radieschen oder Möhren, dann lockere zuerst die Erde rund um die Früchte mit einem Löffel oder einer kleinen Schaufel! Dann packst Du die Erdfrüchte oben am „grünen Kraut" und ziehst die nach oben heraus. Das entstandene Loch in der Erde füllst Du mit dem Löffel oder der Schaufel, die füllst es mit der umliegenden Erde wieder auf.

Die anhaftende Erde kannst Du mit Wasser abspülen – Fertig – reinbeißen und „Guten Appetit"!

11.3. Kochen, Braten, Backen

Alle Kräuter solltest Du gleich nach dem Ernten erst einmal mit Wasser abspülen!

Kräuter, die Du auf ein Butterbrot streuen willst, aber auch beim Kochen zu Speisen streuen willst, solltest Du klein schneiden. Bei den meisten Kräutern, wie z.B. beim Schnittlauch geht das mit einer Schere sehr gut. Sonst nimmst Du ein Küchen-Brettchen und schneidest die Kräuter mit einem Küchenmesser klein.

Bei **Rosmarin** schneidest Du kleine „Äste" ab und die legst Du z.B. in die **Bratpfanne zu dem Stückchen Fleisch**. Das leckere _Aroma_, der Geschmack, gehen durch die Hitze dann auf das Fleisch über.

Aber wenn Du z.B. **Rosmarin-Kartoffeln** herstellen willst, dann legst Du geschälte und in Stückchen geschnittene Kartoffeln auf ein Backblech, legst mehrere kleine Rosmarin-Äste dazu, streust ein wenig Salz und paar Tropfen Olivenöl darüber, legst noch eine geschälte Knoblauchzehe dazu und schiebst das gefüllte Back-Blech für 25 Minuten in den Backofen bei 200 Grad.

Rosmarin-Kartoffeln

Arbeiten mit dem Herd und dem Backofen solltest Du aber erst einmal mit Deinen Eltern zusammen, und nicht alleine machen – das kann sehr heiß und gefährlich sein und Du kannst Dich schmerzhaft verbrennen!

11.4. Trocknen, Einfrieren, Einlagern, etc.

<u>Trocknen:</u> Die meisten Kräuter kannst Du ernten, waschen, mit einem Küchentuch das Wasser dann abtrocknen. Wenn Du z.B. dann Pfefferminze-Stängel wie einen Blumenstrauß zusammen bindest und in einen trockenen und dunklen Raum hängst, dann trocknen die Stängel innerhalb

Kräutersträuße zum Trocknen

von 3 Wochen völlig und Du kannst die Blätter von den Stängeln abpflücken („*abrebeln*") und in einen Schraubglas aufbewahren. So kannst Du auch für den Winter Pfefferminz-Tee-Blätter sammeln und leckeren Pfefferminz-Tee machen. **Ich nutze zum „Kräutertrocknen" immer meinen warmen Heizungskeller!**

Obst- und Gemüse-Früchte zu trocknen ist sehr aufwendig – man braucht dafür eigentlich einen „*Dörrautomaten*". Das ist ein Gerät, in das Früchte (z.B. Apfelscheiben) auf Siebe gelegt werden und warme Luft (ca. 30 Grad warm) trocknet die Kräuter und

Dörrautomaten, Trockenmaschine

Früchte. Trockenfrüchte schmecken sehr gut, wie Apfel-, Birnen- und Aprikosenscheiben! Fragt mal Eure Eltern, ob sie auch Lust haben, so einen Trockenautomaten anzuschaffen. Der Kauf-Preis dafür liegt zwischen 35 Euro und 120 Euro, je nach Modell.

Die Ausnahme zum Trocknen bilden alle Beerenfrüchte und Tomaten! Die sind so wasserhaltig und lassen sich eigentlich im Haushalt nicht trocknen!

<u>Einfrieren</u>: Generell solltest Du alle immer alle geernteten Früchte waschen; damit werden Staub und eventuell kleine Insekten abgewaschen! Dann müssen alle Früchte **VOR dem Einfrieren** „geputzt" und eventuell auch **kleingeschnitten** werden. So mache ich das auch mit Kräutern: ernten, waschen,

Geputztes und gewaschenes Gemüse in der Gefriertruhe

abtrocknen, kleinscheiden, in den Gefrierbeutel und fertig!

156

Das mache ich auch mit kleinen Paprikas- und Chili-Früchten, sogar mit Tomaten-Stückchen! Die kommen dann alle in Gefrierbeutel oder Schraubgläser und ab in die Gefriertruhe.

Kräuter kannst Du auch in **Eiswürfel** einfrieren! Ein „Pfefferminze-Eiswürfel" kannst Du dann in ein Mineralwasser tun, um es zu **aromatisieren**, oder beim Kochen auch in den Topf werfen, z.B. um die Suppe zu würzen!

Wie macht man das? Du nimmst eine Eiswürfel-Bereiter-Schale und in jedes Fach legst Du ein Kraut, Leitungswasser dazu und ab in den Gefrierschrank!

Beerenfrüchte lassen sich auch alle gut einfrieren – auch in **Eiswürfel**!

Obstfrüchte, wie Äpfel und Birnen solltest Du generell **nicht einfrieren**!

☺ **Noch ein Tipp**: alle tiefgefrorenen Sachen aus dem Balkon-Garten **müssen auch gefroren weiterverarbeitet** werden und bitte **nicht vorher auftauen**! Dann werden sie ganz weich und „labberig", weil die kleinen Zellwände platzen, wenn sie langsam auftauen. Stattdessen würze ich meine Suppen mit tiefgefrorenen Kräutern, die auch vorher schon kleingeschnitten wurden. So mache ich es auch mit Stückchen von Tomaten, Paprika und Chili. Eiswürfel mit Kräutern darin, in die Suppe werfen und fertig!

Einlagern: Nur **spezielle Apfel- und Birnensorten** lassen sich für die Winterzeit einlagern! Dabei legt man ganze Früchte in einen trocknen und dunklen Kellerraum, allgemein in Holzkisten. Das sind das spezielle Sorten, die erst durch die Kellerlagerung weich und saftig werden; frisch geerntet allerdingst sind sie „auffällig hart im Biss"!

Äpfel für den Winter eingelagert

Einmachen: auch „Einkochen" genannt. Das kannten unsere Großeltern noch sehr gut. Die haben viel Obst und Gemüse in hitzebeständigen Gläsern (Einweck- oder Einmachgläsern) „eingekocht". Das waren früher die Dauer-

Eingemachtes

konserven und die wurden während des gesamten Jahres gemacht und die gefüllten und verschlossenen Gläser standen für den Wintergebrauch im Keller. Heute macht man das selten, weil die **Energie- und Heizenergie sehr teuer** geworden ist und man braucht einen Herd zum einkochen. Früher hat man einen Holz- oder Kohleherd im Haus oder in der Wohnung gehabt und der brannte das ganze Jahr über. So konnte man nebenbei immer Obst und Gemüse einkochen, ohne zusätzliche Heiz-Energiekosten!

Marinieren: das war früher das Einlegen von Speisen in „***Salzlake***" und würde hauptsächlich zum Haltbarmachen von Fleisch und Fisch gemacht. Heute legt man auch Gemüse in Marinaden

158

ein. **Marinaden** sind gemischte, gemixte und angerichtete Flüssigkeiten, die z.B. **aus Essig, Wein, saurer Sahne, Buttermilch, Saft von Zitrusfrüchten, Gewürzen und Kräutern** bestehen.

☺ **Noch ein Tipp**: So kannst Du beispielsweise **Radieschen marinieren**. Hier werden die geputzten und in Streifen geschnittenen Radieschen in einer Marinade aus: Knoblauch, Zitronensaft, Essig, Öl, Honig, Meerrettich, Pfeffer und Salz 10 Minuten ziehen gelassen. Dann kommen klein geschnittener Schnittlauch und Rucola dazu – **fertig sind „marinierte Radieschen"**!

<u>**Aromatisiertes Kräuteröl**</u>: Kräuteröl sorgt für ein würziges *Aroma* im Essen und lässt sich leicht selber machen. Mit dem Kräuteröl kannst Du zum Beispiel **Salate** und **Kartoffelgerichte würzen** oder es als ***DIY-Geschenk*** an Freunde verschenken. Wichtig ist dabei nur, dass Du hochwertige Zutaten verwendest.

<u>**Rezeptvorschlag:**</u> **Kräuteröl aus Knoblauch, Rosmarin und anderen Kräutern!**

Für 350ml Kräuteröl benötigst Du:

- 1 Glasflasche mit Schraubverschluss
- 2 Zehen Knoblauch
- 1 „Ast" Rosmarin
- 350 ml *geschmacksneutrales* Öl (Sonnenblumen- oder BIO-Raps-Öl)
- 2 Lorbeerblätter
- 1 Ast vom Thymian
- 1 Chilischote
- 1 Tee-Löffel voll bunte Pfefferkörner

... und das geht so:

1. Wasche die Glasflasche als erstes mit heißem Wasser aus und lasse sie trocknen. Die Flasche muss komplett trocken sein.
2. Schäle und schneide währenddessen die Knoblauchzehen in zwei Hälften und fülle sie in die Flasche.
3. Gib dann den Rosmarin-Ast in die Flasche. Die Kräuter müssen unbedingt trocken sein, um Schimmel zu vermeiden.
4. Fülle dann die restlichen Zutaten in die Flasche, die Du Deinem Kräuteröl zusetzen möchtest.
5. Als letztes füllst Du das Öl in die Flasche. Etwas einfacher klappt das mit einem Einfüll-Trichter.

Das Ganze geht auch mit anderen Kräutern: wie Bärlauch, Thymian, Borretsch, Oregano, Salbei oder Minze!

Grundsätzlich eignen sich alle Gewürzkräuter. Du kannst sie **frisch oder getrocknet** verwenden.

- **Borretsch** und **Minze** sind nicht lange haltbar und sollten daher frisch sein.
- **Oregano, Rosmarin** und **Thymian** eignen sich eher getrocknet, weil sie dann **noch aromatischer** sind.

Wichtig ist die hohe Qualität der Kräuter, weil hochwertige Pflanzen am meisten Geschmack haben und mehr *Aroma* an das Öl abgeben. Wir empfehlen **Kräuter in Bio-Qualität**, damit auch keine Schadstoffe über die Kräuter in das Öl gelangen.

Jetzt noch mit Sonnenblumen- oder Raps-Öl auffüllen, Flaschen schließen und 6 Wochen stehen lassen, damit das Kräuter-Aroma ins Öl geht! Dann ist das Kräuter-Öl „gebrauchsfertig"!

12. Zwei Typen von Pflanzen im Balkongarten

12.1. Einjährige Pflanzen

Wenn Du einjährige Pflanzen in Deinem Balkongarten ziehst, ist der Winter kein Problem. Sie werden **im nächsten Jahr nicht** wieder wachsen! Mache also Deinen Balkongarten „**winterfertig**":

- Entleere und säubere die Pflanzgefäße.
- Bewahre die Töpfe und Balkonkästen trocken im Keller oder Abstellraum auf
- und plane vielleicht schon, was Du im kommenden Frühjahr anbauen willst!

12.2. Mehrjährige Pflanzen

Wenn Du mehrjährige, also **winterharte** Balkonpflanzen ziehst, bedeutet das nicht, dass Du die Töpfe im Winter am Balkon stehen lassen kannst. Die Eigenschaft „winterhart" bezieht sich darauf, dass die Pflanze im Mutterboden wächst und überwintert. Einzelne Töpfe frieren im Winter auf dem Balkon sehr schnell durch und die Pflanze darin geht ein!

- Suche also ein Winterquartier für Deine mehrjährigen Pflanzen in den Töpfen.
- Wenn die Pflanze Winterruhe benötigt, stell sie in einen dunklen und trocknen Keller oder kühlen Wintergarten.
- Alle anderen Pflanzen kannst Du auf der hellen Fensterbank in der Wohnung **überwintern** lassen.

162

13. Wetter und Klima

Oben haben wir ja schon gelernt, dass jede Pflanze **Sonnenlicht** braucht und **Wasser** und **Nährstoffe**. Zuviel Licht, aber auch zu wenig davon hindert die Pflanzen am Wachstum. Genauso ist es mit Wasser und auch Nährstoffen: **das richtige Maß ist immer wichtig!**

Was ist denn eigentlich „WETTER"?

Das ist der **tägliche** Sonnenschein, die Regenmenge, die Temperatur, der Luftdruck, die Sonnenscheindauer, die Wolkenbildung, usw. Jeden Tag ist irgendwie immer ein anderes Wetter!

Und was ist „KLIMA"?

Wenn Wetterfachleute das tägliche Wetter beobachten und auch die Werte, wie Temperatur, Sonnenschein-Dauer, Regenmenge, Luftdruck und den Ort wo das alles stattfindet, aufschreiben und das während z.b. eines gesamten Jahres, dann bekommt man **„Wetter über einen längeren Zeitraum"**, und das nennt man dann **Klima**. Die Werte, die aufgezeichnet wurden, kann man mit den Werten z.B. aus dem Vorjahr vergleichen, oder auch die Wetterdaten aus anderen Ländern. Das Klima im hohen Norden unserer Erde, ist kälter, als bei uns hier, und die Sonnenschein-Stunden sind weniger als bei uns. Im Süden ist es wärmer, mit längerem Sonnenschein. **Diese Klima-Vergleiche sind nur mit Wetteraufzeichnungen möglich zu machen!**

Mit Deinem Balkon sorgst Du schon im sehr kleinen Maßstab für ein **angenehmes Klima direkt vor der Wohnzimmertür!**

Dies ist ein sehr wichtiger Beitrag, weil viele Deinem Beispiel folgen werden und dann verbessern die Nachbarn auch das Klima in Deiner Straße. **Das sind zwar nur kleine Schritte – aber viele kleine Schritte können auch etwas Größeres verändern!**

Für das längerfristige Wetter z.B. in Bremen, also das **Klima**, sind die Pflanzen und Bäume wichtig. Sie sorgen für gesunde Luft und den Sauerstoff. Sie schwitzen viel Wasser über ihre Blätter aus und damit entstehen Wolken, auch Regenwolken und tragen zusammen mit den Weltmeeren dazu bei, dass der riesige **Kreislauf des Lebens** funktioniert!

Holzen wir aber die Bäume, Büsche oder gar ganze Wälder ab, wird das Klima so beeinflusst und künstlich verändert, dass es z.B. in dem einen Erdteil zu viel und dafür in einem Teil der Welt zu wenig regnet. Dies vernichtet Ernten und tötet Tiere und Menschen.

Jeder Einzelne und auch Du kannst mithelfen! Mit Deinem Balkon fängst Du an!

Unser Klima ist in den letzten 100 Jahren im Durchschnitt um 1 ½ Grad Celsius wärmer geworden. Das haben wir Menschen verursacht und merken jetzt, wie sich unser tägliches Wetter, also das Klima verschlechtert:

Wir erleben die letzten Jahre mehr Stürme, mehr Überschwemmungen durch zuviel Regen. Aber andere Landstriche haben inzwischen viel zu wenig Regen. Das dauerhafte Eis am Nordpol, aber auch am Südpol schmilzt tagtäglich mehr weg, weil es einfach zu warm geworden ist.

164

Im Ergebnis steigt der Wasserspiegel bei allen Welt-Meeren so stark an, so dass einige Inseln sind heute schon überschwemmt worden und unrettbar verloren sind – Menschen und Tiere dort flüchten und mussten umziehen!

Damit das nicht noch schlimmer wird, sind wir Menschen alle aufgefordert, mehr auf die Umwelt und die Natur Rücksicht zu nehmen und dazu kann und muss jeder einzelne etwas beitragen!

Die kleine Marie genießt die selbst gesäten Möhren und beißt in die erste Ernte!

14. Glossar

A

Aroma

Geschmack zusammen mit Geruch gibt ein Aroma, man sagt auch „ein pfefferminziges Aroma", d.h. es riecht und schmeckt nach Pfefferminze.

aromatisierte Öle

Wenn Du in Sonnenblumen- oder in Rapsöl Kräuter steckst, dann geben die ihren Geruch und ihren Geschmack an das Öl ab, Du aromatisierst Öl, das zum Kochen und Braten dann sehr lecker schmeckt.

ätherische Öle

Pflanzen produzieren ätherische Öle um Insekten anzulocken oder Schädlinge zu vertreiben und die Pflanze so vor Krankheiten zu schützen. Diese Wirkungen sind auch für den Menschen nützlich. Die **Öle** gelangen direkt über die Haut oder den Magen-Darm-Trakt in den Körper

Auszug aus Brennnesseln

Den Brennnessel-Kaltwasser-Auszug nutzt man als biologische Flüssigkeit gegen Pflanzenschädlinge.
Zusammensetzung: etwa 1 kg frische Brennnesseln auf 5 l Wasser. Im Unterschied zur Brennnessel-Jauche wird er aber nur 12 bis 24 Stunden stehengelassen, er darf also nicht anfangen zu gären. Danach wird er unverdünnt über die gesamte Pflanze gespritzt, gegen die Schädlinge.

B

Becherlupe

Eine Becherlupe ist ein Vergrößerungsglas mit einem Becher. Darin kannst Du z.B. Insekten sammeln und vergrößert anschauen.

Biologischer Anbau

Der **biologische Anbau** ist eine spezielle Form der Landwirtschaft/des Pflanzen-Anbaus und verzichtet vollkommen auf chemische

Pflanzenschutzmittel und Kunstdünger. Im Vordergrund steht hier die Vermeidung von Umweltbelastungen für Natur und Anbauprodukt.

Blutdruck

Unser Herz pumpt das Blut über die Andern durch den gesamten Körper. Blutdruck ist die Kraft mit der das Herz Blut pumpt. Der darf nicht zu hoch, aber auch nicht zu tief sein.

Blutzuckerspiegel

Ein Teil unserer Nahrung wird im Körper zu Zucker verarbeitet und der Zucker liefert Kraft in Deine Muskeln. Allerdings darf der Zuckeranteil im Körper nur bestimmte Werte haben und das nennt man den Blutzucker-Spiegel. Zuviel Zucker im Körper ist sehr schädlich, wenn er nicht abgebaut werden kann (z.B. durch Insulin) wird man sehr krank.

Bokashi-Eimer

Das ist ein spezieller Eimer, um z.B. Dünger selber zu machen, wie z.B. aus Brennnesseln.

C

Chlorophyll

Das ist die Bezeichnung für den grünen Pflanzenfarbstoff, mit dem jede Pflanze **die Photosynthese** macht und damit ihre Nahrung verarbeitet.

D

DIY-Geschenk

DIY- englisch: **D**o **I**t **Y**ourself, übersetzt „mach es selber", das ist z.B. ein selbst gemachtes Geschenk.

Dörrautomaten

Das sind spezielle Backöfen, mit denen man Obst und Gemüse-Scheiben trocknen kann. Das macht man z.B. mit 30 Grad über 20 Stunden. Trocken heißt dann auch „Dörren".

Düngen

Dünger ist der Sammelbegriff für Pflanzen-Nährstoffe. Düngen heißt: Nährstoffe der Pflanze geben oder gießen.

Durchmesser

Der Durchmesser eines Krei-
ses ist der Abstand in mm oder
cm zwischen dem Rand und
dem Mittelpunkt und wieder
zum Rand.

E

Einkochen

Einkochen oder Einmachen ist
eine Art, Lebensmittel durch
Erhitzen und Abdichten in speziellen Einmach-Gläsern und
damit den Inhalt für viele Jahre
haltbar zu machen.

Eisheilige

Das sind die letzten Tage in jedem Frühjahr, in dem Frost
herrschen kann, also Temperaturen unter 0-Grad.

Ernte-Ertrag

Das ist die Gesamtmenge einer
Ernte einer bestimmten
Pflanze in Kilogramm.

Essbare Blüten

Manchen Blüten von Blumen
kann man essen, oder einen leckeren Salat damit schmücken
und garnieren.

Extrahieren

Das ist das Fremdwort für
„herausziehen" und trennen.
Z.B. Geschmacksstoffe von
Kräutern mit Öl herausziehen.

F

Farb-Pimente

Das sind kleine Körner, meist
kleine Mineralien, die in den
Blättern und dem Stängel einer
Pflanze vorkommen und die
man aus der Pflanze herauslö-
sen/herauskochen kann.

Fingertest

Mit einem Finger testest Du jeden Tag die Böden Deiner
Pflanzen, ob sie zu trocken
oder auch zu nass sind.

Frankfurter" grüne Soße"

Spezielle leckere Soße aus den
7 Kräutern: Boretsch, Kerbel,
Kresse, Petersilie, Pimpinelle,
Sauerampfer und Schnittlauch.
Das ist eine Delikatesse im
Raum Frankfurt am Main.

G

Gelbsticker, Gelbtafeln

Das sind gelbe Leimtafeln, oder Gelbfallen, mit Klebstoffen versehene Pappscheiben z.B. gegen Trauermücken oder Obstfliegen. Die bleiben einfach auf den Tafeln kleben.

gerebelt

Wenn Du getrocknete Blätter vom Majoran mit den Fingern vom Stängel abstreifst.

geschmacksneutrales Öl

Das sind Öle, völlig ohne eigenen Geschmack, wie Raps- oder auch wie Sonnenblumen-Öl. Während Oliven-Öl sehr nach Oliven schmeckt.

Gieß-Rand

Das ist der Rand in einem Gefäß zwischen der Erde und dem Gefäßrand. Hier muss immer ein wenig Platz bleiben, damit Du überhaupt gießen kannst und auch die Pflanze wachsen kann.

H

Hänge-Ampel

Das ist ein an der Zimmer- oder Balkondecke aufgehängte Blumentopf, speziell für Pflanzen die hängende Ranken bilden.

Heilpflanzen-Haus-Apotheke

Heilpflanzen sind überwiegend Kräuter, die unseren Körper unterstützen wieder gesund zu werden. Die kann man getrocknet aufbewahren und das ist dann eine Hausapotheke.

I

Industrielle Landwirtschaft

Das sind z.B. große Bauernhöfe mit Massen-Tierhaltungen in riesigen Ställen und / oder riesigen Äckern, die sich nur noch mit riesigen Maschinen beackern lassen.

J

Jäten

Wenn Du in einem Pflanzen-
beet störende Pflanzen heraus-
ziehst, das ist das Jäten – Du
machst also das Beet sauber,
von Pflanzen, die Dich oder
die Pflanzen stören!

K

Kaffeesud, Kaffeesatz

Das ist erst mal „gebrauchtes
Kaffee-Pulver, bleibt übrig
vom Kaffee-Machen. Kaffeesatz / Kaffeesud enthält viel
Phosphor, Kalium und Stickstoff und ist deshalb guter
Dünger. Entweder rührt man
ihn in das Gießwasser oder
man bringt ihn rund um die
Pflanzen aus und harkt ihn etwas ein.

Kalt-Keimer

Bestimmte Samen keimen nur
bei Kälteren Temperaturen,
z.B. von unter 10 Grad! Bei
wärmeren Temperaturen keinen sie gar nicht!

Karotin

Karotin ist der Bestandteil in
der Karotte oder Möhre, der
das Vitamin-A enthält.

Kieselgur

Das ist eine weißliche, pulver-
förmige Substanz, die hauptsächlich aus den Schalen fossi-
ler Kieselalgen, aus Silizium,
besteht.

Kompass

Das ist eine kleines stromloses
Messinstrument, mit dem Du
die Himmelsrichtungen erkennen kannst.

Kompost,-Anlagen

Kompost sind Pflanzenabfälle
und Pflanzenreste, die z.B. von
Regenwürmern und anderen
Tieren wieder zur Gartenerde
umgewandelt werden. Kom-
postanlagen hat unsere Stadt-
Reinigung, die Biotonnen
leert. Das ist so viel Biomüll,
dass man Maschinen braucht,
um daraus Gartenerde zu machen.

Kooperationen

Das ist das Zusammenwirken und Zusammenarbeiten z.B. von Pflanzen UND Insekten. Die unterstützen sich gegenseitig, weil sie in großen Bereichen zusammenarbeiten.

L

Landhandel

Wenn Landwirte direkt auf ihrem Hof, z.B. in einem Hofladen, Milch, Käse, Gemüse, Obst und Fleisch verkaufen, dann ist das Landhandel.

Licht-Keimer

Das sind Samenkörner einiger Pflanzen, die nicht tief eingegraben werden dürfen, weil der Samen zum Öffnen und wachsen helles Licht braucht.

M

Marinieren

Das ist eine spezielle Art, Fleisch, Fisch, aber auch Obst und Gemüse haltbar zu machen oder mit anderen Geschmacksrichtungen zu versehen.

mediterrane Pflanzen

Das sind Pflanzen, die eigentlich in Mittelmeer-Ländern wachsen, wo es trocken und warm ist, wie in Italien, Frankreich, Griechenland, Türkei, Spanien, usw.

mehrjährig – einjährig

Einjährige Pflanzen wachsen nur einmal und das nur 1 Jahr lang. Mehrjährige Pflanzen wachsen auch im Folgejahr und vielleicht sogar das Jahr darauf, ohne dass Du wieder neu Samen und eine Pflanze ziehen musst. Die Pfefferminze ist so eine mehrjährige Pflanze.

Mixtur

Das ist ein anderer Begriff für „Mischung". HARIBO-Konfekt ist z.B. eine Mixtur von verschiedenen bunten Süßigkeiten.

Mulch

Zerkleinerte Baumrinde wird z.B. als Mulch bezeichnet. Mulch auf der Blumenerde sorgt dafür, dass die Erde nicht so schnell austrocknet.

N

Nachhaltige Landwirtschaft

Darunter versteht man eine Landwirtschaft, die Land, Wasser und Umwelt schonend einsetzt und nutzt.

Natur-Medizin

Unsere heutige Medizinwissenschaft hat begonnen mit Heilpflanzen. Arzneimittel ohne Chemie nennt man daher Natur-Medizin-Mittel.

Neem-Öl, Niemöl

Der Neembaum wächst in Asien, in Nepal und in Burma. Dieser Baum wehrt sich gegen schädliche Insekten mit einem eigenen Pflanzensaft, das wir als Neem-Öl zur Schädlingsbekämpfung kaufen und einsetzten können.

Nektar und Pollen

In allen Blüten ist der Nektar als Pflanzensaft und Pollen mit kleinen Staubkörnern enthalten. Beides ist für die Bienen Nahrung und Grundlage zu Honigproduktion der kleinen Tiere.

Nematoden

Das sind kleine Faden-Würmer, vielfach unter 0,5 cm lang, die oft in der Blumenerde und an Pflanzen leben. Es gibt sowohl nützliche Fadenwürmer, als auch schädliche Arten.

O

ökologischer Dünger

Das ist Dünger, der nicht aus Chemie besteht, z.B. Pferdemist, oder Kompost-Erde. Die Natur kann diesen besser verarbeiten, als künstliche Chemie, die meist schlechte „Nebenwirkungen" erzeugt!

P

Pestizide

Das sind chemische Mittel gegen Insektenbefall und Schimmelpilze, etc. Sie sind oft für Mensch und Tier sehr schädlich. Besser sind biologische Mittel!

Pflanzen-Züchtungen

Gärtner können Pflanzen dauerhaft verändern. So kann er aus einem Baum mit kleinen und sauren Wildkirschen, einen großen Baum mit süßen großen Kirschen herstellen. Das daerhafte Verändern der Pflanzen nennt man züchten.

Photosynthese

Alle Pflanzen bereiten mit dem grünen Blatt-Farbstoff (Chlorophyll), Sonnenlicht, Nährstoffen und Wasser ihre Nahrung, nehmen Kohlendioxyd auf und geben an die Umgebung Sauerstoff ab.

Q

Quarantänestation

Wenn Pflanzen durch Schädlinge befallen sind, musst Du sie von anderen Pflanzen weit weg stellen, so dass diese gesunden Pflanzen nicht auch noch von den Schädlingen angefallen werden. Die angefallenen Pflanzen kommen in eine Quarantäne-Station, wie in eine Krankenstation!

Quarzsand

Das ist heller und ganz trockener Sand, wie Strandsand am Meer, oder der weiße Sand in Vogel-Käfigen, Vogelsand.

R

Rank-Hilfe

Das sind Gestelle aus Holz, Metall oder Kunststoff, an denen sich die Ranken (lange Äste) der Pflanzen festhalten und hochwachsen können, wie bei Bohnen und Zuckererbsen. Diese Kletter-Hilfen kannst Du auch oft in den Topf in die Erde stecken.

regionale Blumen

Das sind Blumen aus unserer Umgebung. Im Gegensatz zu Blumen aus Afrika oder Amerika oder anderen Ländern.

Rotwürmer

Das sind spezielle Regenwürmer, die uns im Garten helfen, die Blumenerde „umzugraben". Lebende Rotwürmer gibt es oft in Angler-Läden zu kaufen oder auch in Bio-Gärtnereien.

S

Saison

Saison bezeichnet einen immer wiederkehrenden Zeitabschnitt eines Jahres, z.B. die Skifahr-Saison im Winter, Der Badespaß im Sommer, usw.

Salzlake

Eine Lake ist eine Mischung von Speisesalz in Wasser. Darin hat man früher Weißkohl eingelegt und dadurch zu Sauerkraut gemacht und das ist über lange Zeit dann haltbar.

Schadstoffe

Das sind z.B. giftige Chemikalien in der Luft oder im Wasser und anderen Flüssigkeiten. Es sind Fremdstoffe, die teilweise gesundheitsgefährlich sind.

Senföl-Glykoside

Aus Senf-Körnern kann man Öl herauspressen: das Senf-Öl. Darin sind auch leichte Zuckeranteile und das sind die Glykoside.

Starkzehrer

Wenn Pflanzen sehr viel Nährstoffe benötigen und somit die Erde fast leersaugen, also zehren, dann nennt man diese Pflanzen „Starkzehrer".

Staunässe

Wenn Du zuviel gießt und das Zuviel an Wasser nicht abfließen kann, dann erzeugst Du im Topf eine „Staunässe". Die übernasse Erde fängt leicht zu schimmeln und zu faulen an und daran geht die Pflanze zugrunde. Zuviel Wasser ist genauso schlecht für die Pflanzen, wie zu wenig, also Bodentrockenheit.

Stoffwechsel

Alle Vorgänge von Essen und Nahrung aufnehmen, verdauen und dann die Rest- und Abfallstoffe ausscheiden, nennt man Stoffwechsel., sowohl bei Menschen, Tieren und Pflanzen.

Substrat

Das ist ein anderer Ausdruck für Blumenerde im weitesten Sinn. Das kann Erde aus Kompost sein, aber auch Kokos-Erde, die haarigen Umhüllungen von Kokos-Nüssen nennt man auch Substrat.

Sud

Das ist eine Flüssigkeit, in der etwas gekocht, gebraten wird und die danach zurückbleibt. Eine durch Auskochen entstandene Flüssigkeit.

Sud einkochen

Wenn man den auskochten Sud leicht weiterkocht, verdunstet immer mehr das Wasser und der Sud, die Flüssigkeit, wird dickflüssiger.

Symptome

Ein Symptom ist ein Anzeichen oder Zeichen bzw. (typisches) Merkmal, z.B. ein Krankheitsmerkmal für eine Erkrankung. Schnupfen ist z.B. ein Symptom für eine Erkältung.

T

Temperiertes Gießwasser

Dieses Wasser muss genau die Temperatur der Balkonluft haben. Damit Leitungswasser sich an die Umgebungstemperatur anpassen kann, stellst Du einen 10 Liter-Eimer mit Leitungswasser auf den Balkon. Nach 3 Stunden hat es dann die richtige Temperatur angenommen.

Trockenautomaten

Das sind spezielle Backöfen, die aber mit niedrigerer Temperatur (so um 30 Grad) betrieben werden. Wenn man Kräuter, oder Obst, oder Gemüse in Scheiben schneidet und in einen solchen Ofen legt, entstehen getrocknete und völlig wasserfreie Obst- und Gemüsescheiben, wie Apfel-Chips, usw.

Teesatz

Das ist der Tee in der Teekanne, nach dem Aufbrühen mit heißem Wasser übrigbleibt, also die „verbrauchten Tee-Blätter". Teesatz aus grünem Tee lege ich in allen Blumentöpfen auf die Erde obendrauf. Das hält die Erde länger feucht und vertreibt stärenden Insekten, wie z.B. Trauerfliegen.

Terrakotta

Terrakotta ist die Bezeichnung für unglasierte keramische Produkte oder Erzeugnisse der Gruppe Tonware. Das sind Blumenkästen und Blumentöpfe, meist in hellbrauner

Farbe und schwerer als Kunststofftöpfe. Terrakotta-Töpfe sind nicht ganz wasserdicht und verdunsten durch die Gefäßwände ein Teil des Gießwassers und dadurch kann Staunässe erst gar nicht entstehen.

U

Überwintern

Pflanzen, die mehrjährig sind, musst Du für den Winter-Aufenthalt vorbereiten, die verwelkten Blatter abschneiden Du dann stellst Du sie in einen dunklen und trockenen Kellerraum und lässt die Pflanze dort über den Winter hindurch stehen, sie überwintert dort.

V

Variationen

Wenn Du 5 T-Shirts besitzt, in unterschiedlichen Farben, Größen, mit und ohne lange Ärmel, dann hast Du T-Shirts in unterschiedlichen Variationen.

vorgezogenen Pflanzen

Wenn Du Pflanzen aus Samen auf der Fensterbank ziehst, dann ziehst Du sie vor. Wenn Du kleine Pflanzen vom Gärtner kaufst, dann bekommst Du vorgezogene Pflanzen.

W

winterhart

Wenn Pflanzen in allen Jahreszeiten draußen stehen dürfen, ohne ein zu gehen, dann sind sie winterhart.

Wurmkiste

Wenn Du Obst- und Gemüse-Abfälle (aber kein Fleisch, keine Wurst und kein Fisch) in eine Holzkiste mit Deckel schüttest und Rotwürmer und Regenwürmer dazusetzt, fressen sie die Abfälle und produzieren für Deine Pflanzen nahrhafte Gartenerde.

XYZ

zehrende Pflanzen

Das sind Pflanzen, die ganz viel Nährstoffe brauchen, so dass Du die Erde düngen musst, damit die Pflanzen weiterwachsen und leben können.

15. Pflanz- und Erntekalender für das Jahr

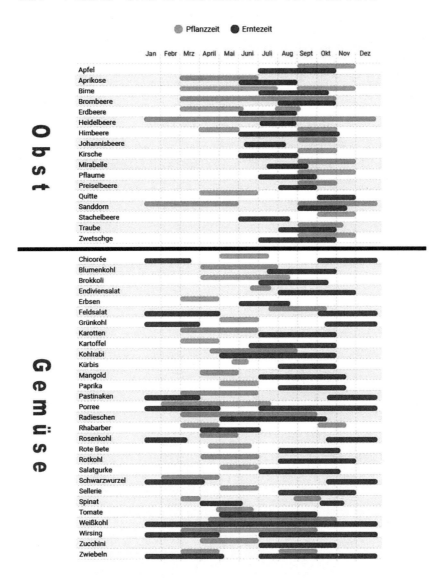

177

Ausstattung

Fast jeder <u>Baumarkt</u> hat auch eine <u>Gartenabteilung</u>, oder sogar einen großen <u>Gartenshop</u>. Schau einfach auch in Baumärkte!

<u>**Living Home im Internet**</u>

Praktisches Zubehör für Balkongärtner, großer Informationsbereich, auch speziell für Balkon-Ideen, ONLINE-SHOP

<u>**https://www.livingathome.de/balkon-garten**</u>

<u>**GARDENA – Gärtnerbedarf**</u>

hier City-Gardening, Tipps und Ausstattung und ONLINE-SHOP

<u>**https://www.gardena.com/de/produkte/citygardening/**</u>

<u>**Schöner Wohnen**</u>

Informationen, aber auch Ausstattungen, wie Blumentöpfe, Pflanzkübel, Balkonkästen, etc. und ein ONLINE-SHOP

<u>**https://www.schoener-wohnen.de/einrichten/garten-terrasse/**</u>

<u>**Zubehör für Balkongärtner**</u>

Balkonien – das trendige Reiseziel für den Urlaub auf dem Balkon

<u>**https://www.balkonania.de/zubehoer-fuer-balkongaertner/**</u>

178

Samen und Pflanzen

Rühlemann's Kräuter und Duftpflanzen in Horstedt

Größter Deutscher Gärtner für Kräuter-, Heil- und Duftpflanzen, verkauft Kleinpflanzen. Er bietet über 1.000 verschiedene vorgezogene Pflanzen, ONLINE und toller Katalog zum Download!

https://www.kraeuter-und-duftpflanzen.de/

Gärterei Jaeger in Oyten

Kräuter, Paprika, Chilipflanzen, Chilis, Tomaten und andere Gemüse-Pflanzen, Informationen im Internet und ONLINE-Shop.

https://www.gaertnerei-jaeger.com

Fa. Baldur im Internet

Ostpflanzen und Säulenobst, ONLINE-Shop, Pflanzenversand

https://www.baldur-garten.de

Staudengärtnerei Gaißmayer

BIO-Kräuter und Kräuterpakete für den Balkongarten, essbare Blütenpflanzen und Färberpflanzen, ONLINE-SHOP im Internet

https://www.gaissmayer.de/web/shop/pflanzen-sortiment/biokraeuter/kuechenkraeuter/502/

Gartenhaus Magazin

https://www.gartenhaus-gmbh.de/magazin/balkon-garten-anlegen/

Stauden Becker GmbH

Staudengärtnerei Becker in Dinslaken, hat eine große Auswahl an Färberpflanzen und auch sonstige Pflanzen, ONLINE-SHOP im Internet und Katalog, den man sich aus dem Netz herunterladen kann

https://www.stauden-becker.de/

Samenshop24

Hier gibt es Samen in allen Variationen, für Kräuter, Gemüse, Blumen und Zubehör, auch einen ONLINE-SHOP

https://www.samenshop24.de/

Gärtner Pötschke

Balkon-Pflanzen und Saatgut, Kübelpflanzen, ONLINE-SHOP

https://www.poetschke.de/Pflanzen/Balkonpflanzen-Kuebel-pflanzen/

Nur zur Vollständigkeit: wir, die Autoren dieses Buches, haben mit den hier vorgeschlagenen **Händlern** und deren **Angebote** nichts zu tun und bekommen natürlich auch keine Provisionen oder sonstige Zuwendungen von ihnen. **Uns war nur wichtig, mal zu zeigen, wie breit das Angebot im Internet ist!**

180

17. Pflege-Plan, Ereignis-Tagebuch, etc.

Der Pflege-Plan: Du solltest diesen Pflege-Plan jeden Tag durchgehen und jeden Punkt kontrollieren und alles Notwendige regeln! Ein Balkongarten braucht eine regelmäßige Beobachtung und Pflege, denn sonst kannst Du keine Kräuter, Obst- und Gemüsefrüchte ernten und genießen!

Das Ereignis-Tagebuch: Auf den folgenden Seiten kannst Du eigene Notizen machen, immer versehen mit einem Datum und festgestellten Ereignisse. Ich habe einfach mal 2 Test-Eintragungen in diese Liste gemacht, um zu zeigen, wie es gemacht wird!

Diese Ereignisse sind interessant, wie z.B.:

- wann Du den Pflanzensamen in die Erde gesteckt hast,
- wann die ersten Sprösslinge zu sehen waren,
- wann Du Sprösslinge von der Fensterbank nach draußen verpflanzt hast,
- wann die Pflanze geblüht hat,
- ob und wann sich Blätter verfärbt haben,
- wann welche Schädlinge aufgetaucht sind und wie Du sie verscheucht hast,
- wann Du welche Obst- und Gemüse-Früchte ernten konntest.

Wenn Du einen <u>Foto-Apparat</u> oder ein <u>Handy</u> mit einer Kamera hast, solltest Du Bilder von Deinen Pflanzen und einer erfolgreichen Ernte machen.

<u>Du solltest Dir beide Listen aus diesem Buch herauskopieren!</u>

Der Pflege-Plan

WO schauen	WAS kontrollieren	SO musst Du handeln
der Boden, die Erde in den Pflanzgefäßen	gibt genügend Boden-Feuchtigkeit	Fingerprobe, wenn zu trocken leicht nachgießen, oder leicht besprühen, das ist der „Fingertest"
der Boden, die Erde in den Pflanzgefäßen	wachsen ungewollte andere Pflanzen?	diese Pflanzen herauszupfen, wenn möglich mit den Wurzeln und in der BIO-Tonne entsorgen
die Pflanzen, den Stamm oder Stängel und die Blättern	zuviel Sonne erzeugt einen Sonnenbrand, die Blätter werden gelb, trocknen und verwelken!	Standort wechseln, aus der Sonne raus und die welken Blätter abschneiden und in der Biotonne entsorgen.
die Pflanzen, den Stamm oder Stängel und die Blättern	gibt es Verfärbungen an den Blättern, blau-schwarze oder silberne Stellen oder verwelkte Blätter?	das kann unter anderem Schimmel sein von zuviel Feuchtigkeit, also nicht mehr gießen, oder zu wenig Wasser, dann vertrocknen die Blätter, gleich wieder gießen
die Pflanzen, den Stamm oder Stängel und die Blättern, die Früchte	der Wind, aber auch Vögel und Eichhörnchen, können Stängel und Verzweigungen abknicken	abgeknickte Stängel oder Äste solltest Du mit der Schere oder dem Astschneider abschneiden und in der Biotonne entsorgen
die Pflanzen, den Stamm oder Stängel und die Blättern, die Erde, die Früchte	kannst Du Schädlinge entdecken, kleine Tiere, wie ich sie hier beschrieben habe?	schau im Kapitel „Schädlinge" nach, was das genau ist und wie Du sie verscheuchst

Ereignis-Tagebuch- Seite -1

Datum	Welche Pflanze	Was für ein Ereignis
23.03.2021 ein Beispiel	Kresse	Samen eingepflanzt auf der Fensterbank innen
01.04.2021 ein Beispiel	Kresse	Keimlinge im Balkonkasten eingepflanzt

Ereignis-Tagebuch- Seite -2

Datum	Welche Pflanze	Was für ein Ereignis

18. Quellenverzeichnis

Mein schöner Garten – Gärtnern mit Kindern
https://www.mein-schoener-garten.de/gartenpraxis/gaertnern-mit-kindern-39688

Plantura- Das Garten-Magazin
https://www.plantura.garden/gruenes-leben/gaertnern-mit-kindern-paedagogisch-wertvolle-tipps

My Homebook
https://www.myhomebook.de/gardening/gaertnern-mit-kindern

Baumarkt Hornbach
https://www.hornbach.de/projekte/gaertnern-mit-kindern/

Mamiazeug – Mamablog
https://www.mamizeug.de/2017/04/12/gaertnern-mit-kindern-3-einfache-anleitungen-mit-gelinggarantie/

Urban Gardening für Stadtfamilien
https://www.preis.de/urban-gardening-mit-kindern/Urban-Gardening-mit-Kindern.pdf

Der BUND Naturschutz
https://www.bund-naturschutz.de/

Kistengrün – Der Balkongarten
https://www.kistengruen.de/wp/2017/03/balkongarten-anlegen-fuer-anfaenger/

Magazin Schöner Wohnen
https://www.schoener-wohnen.de/einrichten/garten-terrasse/

Meine Ernte – Balkongemüse
https://www.meine-ernte.de/rund-um-den-gemuesegarten/gemuese-am-balkon/

Gartentipps
https://www.gartentipps.com/gemuese-auf-dem-balkon-pflanzen-9-gemuesesorten-fuer-anfaenger-vorgestellt.html

Utopia
https://utopia.de/ratgeber/kraeutergarten-balkon/

Familien-Gesundheit
https://www.familien-gesundheit.de/gaertnern-mit-kindern-auf-dem-balkon/

Lunamag
https://www.lunamag.de/2017/03/28/gaertnern-mit-kindern-tipps-fuer-garten-und-balkon/

19. Fotoverzeichnis

Einsatz vieler eigenen Fotos und Grafiken, u.a. von unserer StartNext-Crowdfunding-Projektseite

Pinterest
https://www.pinterest.de/

Pixabay
https://pixabay.com/de/photos/search/

Pexels
https://www.pexels.com/de-de/

Unslpash
https://unsplash.com/

ForFreePhotos
https://www.4freephotos.com/ger/index.php

Schöner Wohnen
https://www.schoener-wohnen.de/

NABU
https://www.nabu.de

Pflanzenfreunde
https://www.pflanzenfreunde.com/garten/permakultur-auf-dem-balkon.htm

plantura.garden
https://www.plantura.garden/gruenes-leben/gaertnern-mit-kindern-paedagogisch-wertvolle-tipps

Shutterstock.com (Probe-Abo)
https://www.shutterstock.com/

Adobe Stock (Probe-Abo)
https://stock.adobe.com/

Deutsche Telekom
https://bilder.t-online.de

Wikimedia
https://commons.wikimedia.org/wiki/Hauptseite

Death to Stock
https://deathtothestockphoto.com/

Photo Pin
http://photopin.com/

PicJumbo
https://picjumbo.com/

Kamboompics
https://kaboompics.com/